# 11 -

MW01706437

**Collection « Les copains de la classe »**
**dirigée par Germaine Finifter**

Dans la même collection :
*Nous venons d'Algérie*, Germaine Finifter
*Nous venons du Viêt-Nam*, Jean Hugues
*Nous venons du Cambodge et du Laos*, Jean Hugues
*Nous venons des Antilles*, Germaine Finifter

A paraître :
*Nous venons de Tunisie*, Abdel Wahed Allouche

GERMAINE FINIFTER

# Nous venons des Antilles

**Photographies de Odile Berthémy**

Les copains de la classe

SYROS

***Pour H.F. ...***

**Je remercie vivement**

Jocelayne, Salomon et leurs collègues infirmières et infirmiers,
Rigobert et ses collègues de la RATP,
Évelyne et ses collègues des Allocations familiales,
le père Pierre Lacroix, de l'aumônerie Antilles-Guyane,
Josette, Marie-Laure, et leurs collègues éducatrices
de la petite enfance,
Mylène, Annick, étudiantes,
les enfants de l'école primaire de Saint-Christophe
et leurs mères,
les élèves et les enseignants des collèges
Paris XVIIIe (Utrillo) et XIXe (Charles-Péguy)
Sarcelles (Henri-Wallon), Garges-les-Gonesse (Henri Wallon).

# Sommaire

Introduction ........................................ 7

## 1re PARTIE

Qui est antillais ? ........................................ 13
Français à part entière ou Français entièrement à part ? ........................................ 21
Adieu foulards, adieu madras ........................................ 27

## 2e PARTIE

Notre vie en France ........................................ 39
Les mères ? Elles sont la vie ! ........................................ 55
Dans le miroir tendu par les Blancs ........................................ 63
Mais oui, le créole c'est une langue ! ........................................ 81
Contes guadeloupéens et martiniquais bilingues ........................................ 87
Ne bat pas la mesure qui veut ! ........................................ 103
Rien à voir avec le beefsteak-frites ! ........................................ 113
Foi et croyances ........................................ 125
Des pieds à la tête ........................................ 137

## 3e PARTIE

Et demain ? ........................................ 147

## 4e PARTIE

À savoir aussi ........................................ 157
Petite chronologie de l'histoire des Antilles ........................................ 162
Aimé Césaire : poète, auteur dramatique,
militant de la « négritude » ........................................ 170
Les rues de Paris racontent ........................................ 175
Des livres pour les enfants et les jeunes ........................................ 179
Des adresses utiles ........................................ 186
Glossaire ........................................ 188

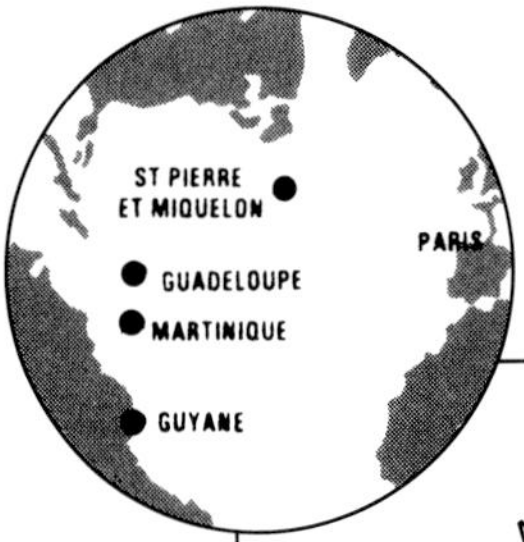
ST PIERRE
ET MIQUELON
PARIS
GUADELOUPE
MARTINIQUE
GUYANE

MER DES CARAÎBES
OCEAN
ATLANTIQUE
Anse-Bertrand
Port-Louis
Ste-Rose
Deshaies
Vieux-Bourg
Le Moule
St-François
POINTRE-A-PITRE
Ste-Anne
Gosier
Petit-Bourg
Bouillante
Goyave
La Soufrière
Capesterre
St-Sauveur
Basse-Terre
Vieux-Fort
Guadeloupe

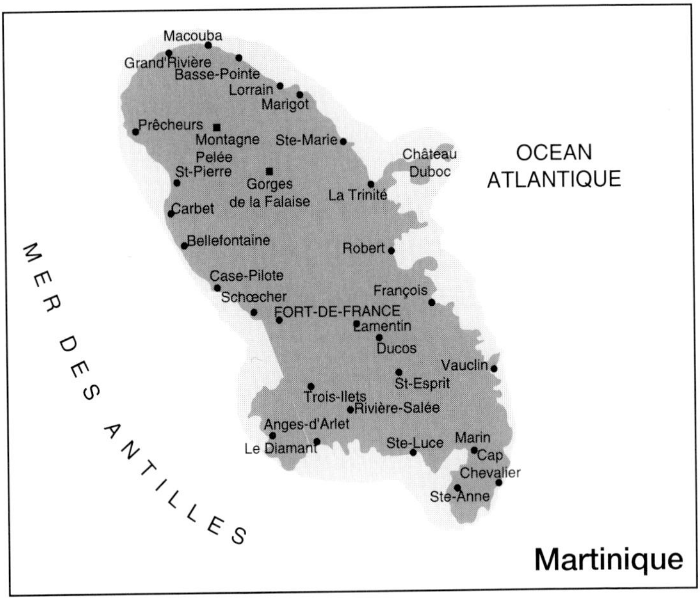
Macouba
Grand'Rivière
Basse-Pointe
Lorrain
Marigot
Prêcheurs
Montagne
Pelée
Ste-Marie
Château
Duboc
OCEAN
ATLANTIQUE
St-Pierre
Gorges
de la Falaise
La Trinité
Carbet
Bellefontaine
Robert
Case-Pilote
Schœcher
François
FORT-DE-FRANCE
Lamentin
Ducos
Vauclin
St-Esprit
Trois-Ilets
Rivière-Salée
Anges-d'Arlet
Le Diamant
Ste-Luce
Marin
Cap
Chevalier
Ste-Anne
MER DES ANTILLES
Martinique

# Introduction

Les Antilles... Il suffit de ces deux petits mots pour que viennent à l'esprit des images de soleil éclatant, de mer bleue, de sable blond, de cocotiers, de jolies filles portant madras, chantant et dansant sur un air de biguine. Images de cartes postales, de dépliants touristiques, propos d'agences de voyage dont certaines réduisent les îles à trois « S » : Sun, Sea, Sex... Combien de vacanciers partis pour ces îles lointaines, la tête pleine de ces clichés, sont revenus surpris de ne pas avoir trouvé à l'arrivée à Fort-de-France ou Pointe-à-Pitre des hommes et des femmes façon Compagnie créole seulement occupés à sourire et à zouker ?

Certes, la nature, belle et généreuse, le climat aussi invitent sans aucun doute à une certaine douceur de vivre. Le goût pour la fête, la musique et la danse est indéniable. Mais tout cela, qui constitue la face ensoleillée des Antilles, ne doit pas faire oublier les zones d'ombre dont les dépliants touristiques ne font pas mention ! Comment expliquer, sinon, que 35 % des Martiniquais et 40 % des Guadeloupéens vivent aujourd'hui en métropole, à 7 000 kilomètres de cet éden envié dont on oublie aussi qu'il est périodiquement malmené par la violence des ouragans, des cyclones ou des tremblements de terre ?

En fait, aux Antilles comme ailleurs, l'homme ne vit pas seulement de soleil, de danse et de musique. Or, sur cette exotique terre française, sur ces départements d'outre-mer, le taux de chômage atteint 30 % de la population guadeloupéenne et 40 % de la population martiniquaise, en raison de l'effondrement de l'« économie de plantation » que rien, ou presque, n'a remplacé. Le sucre de canne, le rhum, la banane, qui ont fait la fortune des Békés*, ont été sévèrement concurrencés, au fil des ans, par la betterave sucrière pour le premier, le whisky pour le second et les importations d'Afrique pour la troisième.

D'où des suppressions d'emploi que sont loin d'avoir compensé les créations d'emplois nécessitées par le développement du tourisme à partir des années soixante.

Dès 1963, désireux d'endiguer le mécontentement des Domiens*, le gouvernement de l'époque crée le BUMIDOM (Bureau pour la migration des travailleurs d'outre-mer) pour inciter les originaires des départements d'outre-mer à émigrer vers la métropole. On promet de les former, de les placer, de les loger. Et plus tard, tandis qu'un nombre important d'originaires des DOM sont nommés en métropole, on envoie là-bas, à grand renfort de primes d'éloignement, des policiers et des gardes mobiles pour y maintenir l'ordre.

« Le problème fondamental des départements français d'Amérique est celui du surpeuplement en Martinique et en Guadeloupe », soulignait le commandant de la Région Antilles-Guyane, dès 1960, dans le plan qu'il proposait pour y remédier.

« Il faut que les jeunes Antillais admettent de vivre une partie de leur existence en métropole » déclarait, pour sa part, monsieur Dijoud, alors secrétaire d'État aux DOM/TOM, le 17 septembre 1979 au journal *Le Monde*.

Jugé nécessaire aussi longtemps que la situation économique en métropole était florissante, le BUMIDOM, qualifié par certains d'« organisme néo-négrier », a été remplacé, en 1982, par l'ANT (Agence nationale pour l'insertion et la promotion des travailleurs d'outre-mer) chargée de favoriser le retour des Domiens dans leurs départements d'origine « en cas d'inadaptation à la vie métropolitaine ».

Il pouvait sembler incongru de traiter de la migration antillaise comme d'une immigration. De nationalité française, parlant français, les Antillais n'ont évidemment aucune formalité à remplir pour s'installer en métropole. Il reste que l'histoire des Antilles, liée pour partie à l'histoire de la France, leur caractère insulaire, leur aire géographique ont conféré à leurs populations une mentalité et une culture propres, généralement méconnues des métropolitains qui les considèrent souvent d'un peu haut. Tant et si bien que, après Aimé Césaire, poète, dramaturge et homme politique, bon nombre d'Antillais se demandent encore aujourd'hui s'ils sont des « Français à part entière » ou des « Français entièrement à part », quand ils ne s'affirment pas, tout simplement, « créoles ».

Ils se posent et nous posent beaucoup d'autres questions. En donnant la parole aux Antillais vivant en France, ceux que certains, au pays, appellent les « Négropolitains », ce nouveau volet de la collection « Les copains de la classe » invite à les entendre et, partant, à mieux les connaître.

# 1

# Qui est antillais ?

Le 4 novembre 1493, effectuant son deuxième voyage, Christophe Colomb touche terre à Kakukera qui devient la Guadeloupe.

Le 15 juin 1502, effectuant son quatrième voyage, il aborde à Madinina qui devient la Martinique.

Les terres qu'il « découvre » ne sont pas terres inhabitées. Ici et là, comme dans les îles avoisinantes, vivent des Caraïbes qui ont évincé les Arawaks, les uns et les autres appartenant à des populations indiennes d'Amérique du Sud arrivées au premier siècle de notre ère. Les contacts entre Caraïbes et colons espagnols sont si rudes qu'en 1604 l'Espagne choisit de se retirer de la Guadeloupe. La France, à son tour, en prend possession en 1635 : des aventuriers et flibustiers français, mués en planteurs, s'y sont installés quelques années auparavant. En cette même année 1635, la France se rend maîtresse de la Martinique.

Pas plus que la présence espagnole, la présence française n'est appréciée des Caraïbes qui la combattent continuellement, jusqu'à leur défaite en 1658. On peut juger de ce qu'ont été ces luttes quand on sait qu'en 1692, officiellement, on ne recensait plus que 160 Caraïbes pour toute la Martinique !

Venus de Normandie, de Bretagne, des provinces du Sud-Ouest et de la région parisienne, des Français s'installent en Martinique et en Guadeloupe. Les uns sont des nobles, cadets de familles, d'autres des roturiers partis librement faire fortune aux îles. D'autres encore sont des « engagés » des recruteurs leur ont fait miroiter la possibilité de devenir eux-mêmes planteurs à l'échéance du contrat qui les lie à leur maître durant trois ans. Arrivent aussi des protestants que la révocation de l'édit de Nantes a contraints à l'exil, des juifs hollandais chassés du Brésil où ils étaient passés maîtres dans la fabrication du sucre et, pour finir, les « engagés forcés » que sont les galériens.

Ces engagés de gré ou de force ne constituent pas une main-d'œuvre suffisante pour développer la production de la canne à sucre introduite en 1639 et faire ainsi prospérer les fortunes des Grands Blancs qui constituent désormais une caste. Où trouver rapidement la masse de main-d'œuvre corvéable à merci de préférence, capable de travailler du lever au coucher du soleil dans la chaleur tropicale ? En Afrique ! L'esprit du temps admettant que des hommes, des femmes, des enfants soient réduits en esclavage, des négriers se chargeront d'aller les capturer du Sénégal à l'Angola pour les transporter par bateaux, dans des conditions de voyage telles que beaucoup mourront avant d'être livrés sur les marchés aux esclaves.

Aussi longtemps que l'émigration blanche sera exclusivement masculine, ou presque, messieurs les Français ne répugneront pas à entretenir des relations très intimes avec des Négresses dont ils auront des enfants qui formeront une nouvelle couche de la population : les mulâtres.

— Ce qu'il y a de flagrant, encore à l'heure actuelle, dit Salomon, non sans amertume, c'est qu'à un pôle il y a, en majorité, des Antillais noirs dans la misère et, à l'autre pôle, des Antillais blancs qui ne seront jamais dans la misère parce qu'ils sont les descendants de ceux qui nous dominaient. Et entre, il y a les mulâtres qui, aujourd'hui, sont souvent avocats, médecins...

— C'est normal, coupe Évelyne, ils ont bénéficié de la situation de leur père qui était blanc et ils ont pu faire des études. Ils sont privilégiés par rapport à d'autres puisqu'ils ont pu, de ce fait, accéder aux professions libérales.

L'abolition de l'esclavage, en 1848, est l'occasion d'une recomposition de la population des Antilles : de nombreux esclaves ayant fui les plantations, les maîtres sont placés devant une grave crise de main-d'œuvre qu'ils surmontent en faisant venir de l'Inde des hommes appartenant aux couches les plus misérables de la population (intouchables et parias). Entre 1854 et 1889, environ 45 000 d'entre eux sont amenés en Guadeloupe et 25 000 en Martinique, pour une durée de cinq ans. Beaucoup resteront à l'expiration de leur contrat.

A la fin du XIX^e^ siècle, Chinois, Syriens, Libanais, le plus souvent commerçants, viennent compléter une mosaïque de peuples qui se côtoient en s'ignorant parfois, cohabitent paisiblement souvent, se mêlent, plus rarement, bien que les métissages semblent en augmentation.

Parmi les collégiens que nous avons rencontrés, si bon nombre ont leur père et mère originaires de la même île (Guadeloupe ou Martinique), beaucoup ont des parents originaires de l'une et de l'autre, ou même de l'une de ces îles et d'un pays étranger. D'où une population d'une grande variété, diversement colorée, diversement typée.

Dans une classe d'un collège de Garges-les-Gonesse, Patrice, apparemment blanc, répond à qui s'étonne de l'entendre s'affirmer antillais :

— Il n'y a pas que des Blancs dans ma famille ! Mon grand-père était noir. Ma mère est presque blanche et mes frères sont noirs...

— Mon grand-père était blanc, ma grand-mère non, intervient Pierre-François. Ils ont eu des enfants noirs et des enfants blancs. Les gens ne croient pas qu'ils sont frères mais, dans la famille, on n'y fait même pas attention.

— Pareil avec ma mère ! Au début, quand elle venait me chercher à l'école, personne voulait croire que c'était ma mère. Moi, je vois pas la différence : on est de la même famille...

Qui est antillais ? Lorsque nous lui posons la question, Évelyne, employée aux Chèques postaux, répond :

— Moi, je suis antillaise. Mais je ne vais pas jusqu'à prétendre que les Antilles sont une terre noire ! Je sais bien que les ancêtres des Békés et nos ancêtres sont arrivés presque en même temps sur ces îles. Pas dans les mêmes conditions, c'est sûr, mais ça nous fait une histoire commune quand même.

Rigobert, employé à la RATP, s'il est d'accord sur le fond, manifeste moins d'optimisme :

— Toi, tu prends tes rêves pour la réalité ! Il n'y a pas si longtemps, sur les murs du lycée technique de

Fort-de-France, quelqu'un avait écrit : « Les nègres en Afrique ! Vive la France. » Tu crois que celui qui écrit ça, il pense que tu es antillaise, que tu as le droit de te dire antillaise ?

— Je suis de l'avis de Rigobert, intervient Marlène. L'été dernier, j'ai eu une histoire toute bête avec une Béké. Elle prétendait se faire servir avant moi chez un commerçant en sachant parfaitement qu'elle était arrivée non seulement après moi mais après les deux personnes qui se trouvaient derrière moi, des Noires également. Ne voulant pas que la discussion tourne à l'aigre je lui dis : « S'il vous plaît madame, prenez votre tour normalement. » Elle ne voulait pas ! J'insiste : « Nous sommes antillaises, tout comme vous. Nos ancêtres sont peut-être arrivés sur le même bateau. » Qu'est-ce que j'avais dit là ! Je l'entends encore me répondre : « Il y a une différence, mademoiselle, mes ancêtres voyageaient sur le pont tandis que les vôtres étaient dans les cales. »

— C'est vrai, j'ai déjà entendu ça, moi aussi, dit Maryse, infirmière. Je suppose qu'il y aura toujours des gens pour se croire supérieurs à d'autres. Quelqu'un qui, dans sa famille, pendant des générations, a toujours eu des esclaves a peut-être du mal à comprendre que ce temps-là est fini. Il faudra bien qu'il s'y fasse un jour !

— Moi, les Blancs des Antilles, ceux qui sont là depuis le début, je considère qu'ils sont antillais comme moi. Je ne fais pas de différence, affirme tranquillement Marie-Laure, puéricultrice. En Martinique, ce sont des Martiniquais, comme nous. Ils ont la même culture, la même susceptibilité : un Antillais, c'est un Antillais ! Pour moi, c'est d'abord un problème de classe. Pour le reste, ils sont arrivés là comme nous. Eux et nous, nous sommes arrivés dans un pays qui n'était pas le nôtre, un pays qui est devenu le nôtre ; c'est devenu notre pays, le leur et le nôtre.

— C'est vrai pour les créoles, convient Jocelayne, mais ce n'est pas vrai pour les métros* qu'on nous envoie depuis quelques années, ou pour les pieds-noirs nostalgiques de l'Algérie d'avant l'indépendance. Certains disent que les Antillais ne sont guère accueillants mais ils arrivent chez nous et s'y comportent en conquérants. S'ils ne nous trouvent pas aimables, nous, nous les trouvons bien arrogants ! Sur les plages, tu vois plus de Blancs que de Noirs. On a l'impression qu'ils se les approprient.

— C'est sûr que les métropolitains qui viennent pour occuper des postes à responsabilités ne sont pas toujours bien reçus ni acceptés, conclut Mylène, étudiante en lettres. La plupart des Antillais se sentent français, je crois. C'est pour ça qu'ils supportent mal qu'on accorde aux métros des privilèges qu'on leur refuse. Ils prennent peu à peu conscience qu'ils n'ont pas reçu la formation nécessaire, celle que les Français de la métropole ont reçue, et qu'ils ne peuvent occuper les mêmes postes.

— On s'aperçoit très vite, une fois ici, que pour la mère patrie un Français des Antilles n'égale pas un Français de la métropole. On arrive avec, au cœur, l'amour de la France, et on découvre que nous ne sommes pas considérés comme des citoyens ordinaires. (Évelyne.)

# Français à part entière
# ou français
# entièrement à part ?

Avec cependant quelques intermèdes anglais, Guadeloupe et Martinique sont donc françaises depuis 1635. Elles sont érigées en départements depuis le 19 mars 1946 et leurs habitants ressentent, pour le moins amèrement, l'infériorité de leur statut par rapport à celui des métropolitains.

Comment comprendre, par exemple, que dans les statistiques officielles les échanges commerciaux entre ces départements d'outre-mer et la métropole sont placés dans la catégorie « Commerce extérieur » ? Que, pour le Code général des impôts, les départements d'outre-mer sont qualifiés « Territoires fiscaux d'exportation » ? Pourquoi les échanges commerciaux entre la métropole et les Antilles sont-ils classés en « Exportation » et « Importation » ? Comment comprendre, si « départements » il y a, que la Guadeloupe et la Martinique fassent partie des « autres pays en développement » au chapitre « Répartition géographique des importations françaises » ? Pourquoi les films créés dans les DOM sont-ils exclus du champ d'aide à la production cinématographique ? Telles sont quelques-unes des questions que posent les Antillais...

Rien de cela n'étonne plus les infirmiers et infirmières rencontrés à la Bourse du travail de Paris. Ils en ont vu d'autres dans les actes courants de leur vie quotidienne :

— Pour les dernières élections, dit Jocelayne, comme j'avais changé de commune, je suis allée à la mairie faire mon changement d'adresse. La personne de l'état civil m'a donné un formulaire à remplir. Je ne pouvais pas croire à ce que je lisais et ça devait se voir à ma tête parce que l'employée, vraiment gênée, s'est empressée de m'expliquer que ce n'était ni de sa faute ni même celle de la municipalité si on voyait apparaître sur ce papier officiel la Guadeloupe, dont je suis originaire, parmi les « pays étrangers » .

— Ça s'est passé comme ça pour moi, à la banque, intervient Rigobert. J'avais des chèques à déposer à mon compte dont un de ma belle-mère qui était ici, en vacances. Je remplis un formulaire, comme d'habitude, je le donne à l'employée qui me rend le tout et me dit : « Celui-là (le chèque de ma belle-mère) vous l'inscrivez sur un formulaire à part parce qu'il est d'un pays étranger. » Je dois dire que ça m'a soufflé ! Je lui ai dit : « Vous savez, moi, je suis tout à fait d'accord pour que la Guadeloupe soit un pays étranger ! » Les gens qui étaient là ont commencé à discuter et une collègue de l'employée à qui j'avais affaire a dit : « C'est invraisemblable ! Tu es sûre de ça ? Quand il faut payer les impôts, ils sont bien français ! »

— Des preuves que nous ne sommes pas des Français à part entière pour la métropole et pour beaucoup de métropolitains ? Par exemple, chez nous, aux Antilles, non seulement les prestations sociales sont plus faibles qu'en métropole mais elles ne sont pas entièrement versées directement aux familles. Un fort pourcentage du montant des allocations familiales est retenu pour financer les cantines scolaires. Le SMIC et le RMI y sont très inférieurs à ce qu'ils sont en métropole. On nous promet que les allocations familiales rattraperont le niveau métropolitain en... 1995 !

Louise Rapha est styliste. De nature combative, elle refuse de baisser les bras devant les difficultés qu'elle rencontre pour créer ici, en banlieue parisienne, sa propre entreprise. Elle raconte :

— La couleur de notre peau nous désigne comme des « Français à part ». Vous avez raison de nous mettre dans l'immigration. Parce que, du fait que nous sommes noirs, nous rencontrons les mêmes problèmes que les immigrés. J'ai emménagé ici un dimanche. Le lundi matin, je suis partie travailler. Quand je suis rentrée, le soir, j'ai trouvé, glissé sous ma porte, un papier sur lequel il était écrit : « Pas de salope ici. » La gardienne de l'immeuble m'a dit qu'elle l'avait trouvé affiché sur ma porte et qu'elle l'avait glissé dessous pour que les gens ne le voient pas. Je peux dire que j'ai été secouée, mais ce n'était pas fini ! Huit jours après, j'ai trouvé ma voiture avec les quatre pneus percés. Qu'est-ce qu'il fallait faire ? Déménager ? Et quoi encore ? J'ai réagi en disant : « Je paye mon loyer comme n'importe qui, personne ne m'empêchera d'habiter ici. » Maintenant quand on s'avise de me dire « retournez dans votre pays », je réponds : « Désolée ! Vous m'avez fait venir, je ne vois pas pourquoi je repartirais. Je ne vous avais rien demandé. » Et, pensant à l'Afrique, j'ajoute : « Vous m'avez prise dans mon Afrique natale, vous m'avez enchaînée, vous m'avez emmenée pieds et poings liés aux Antilles, et maintenant vous ne voulez plus de moi ? Vous m'avez prise ? Vous me gardez ! Que ça vous plaise ou non ! »

# Adieu foulards, adieu madras…

Si l'année 1963 est celle qui a vu un très grand nombre d'Antillais « passer la mer » pour venir en métropole, la fin du XIX^e siècle et le début du XX^e ont été l'occasion pour un certain nombre de « jeunes gens de couleur », mulâtres pour la plupart, de venir en France faire des études qu'il n'était pas possible de faire aux Antilles.

— Au début du siècle, dit Jocelayne, on venait ici chercher le savoir. C'était des étudiants qui étaient là pour un temps relativement court. Ils ne posaient pas de problèmes et trouvaient place dans la communauté française assez facilement. Ils étaient si peu nombreux qu'ils étaient plutôt des objets de curiosité. Certains se sont fait une place au soleil, parfois au prix du rejet de leur propre culture.

La guerre de 14-18 conduit de nombreux soldats antillais en France. Certains s'y fixent, la guerre terminée. Celle de 39-45 a des conséquences particulièrement graves pour la Martinique et la Guadeloupe livrées à la domination des représentants du gouvernement de Vichy. On parle encore aujourd'hui du « sinistre amiral Robert », de la « sombre période de l'amiral Robert » à la Martinique, et de Saurin à la Guadeloupe, cette époque où les Antillais ne recevaient plus rien de la France occupée. Nombreux sont les jeunes qui s'évadent alors, à leurs risques et périls, pour rejoindre la France libre en passant par les îles anglaises. Le 15 juillet 1943, les deux îles se rallient au Comité français de la libération nationale.

Le patriotisme dont ont fait preuve les Antillais n'est certes pas étranger au fait que le gouvernement de la Libération annule le statut colonial des îles, en 1946, pour les ériger en départements. Des survivants de ce conflit restent en France... Puis des étudiants, en un peu plus grand nombre qu'auparavant, y viennent parachever leurs études.

Mais c'est évidemment la mise en place du BUMIDOM qui est l'accélérateur de la migration antillaise vers la métropole. De 1963 à 1977 cet organisme encadre l'émigration de 42 622 Martiniquais, de 42 689 Guadeloupéens, de 72 616 Réunionnais et 2 348 Guyanais.

— L'émigration a été parfaitement organisée, explique Salomon. Avant 1962, c'était pas organisé. Il y avait ceux qui étaient venus parce qu'il fallait défendre la mère patrie, parce qu'il y avait la guerre et qu'il fallait des hommes. Beaucoup sont restés sur le sol français où ils ont fondé une famille. Et puis il y a eu cette émigration organisée à partir de 1962. Avec ce BUMIDOM, on a fait croire aux gens qu'ils s'en sortiraient mieux en partant pour la métropole, qu'ils auraient une situation plus stable qu'en restant sur le sol natal. Le pire, pour moi, c'est quand des métropolitains qui ne comprennent pas les causes économiques de notre présence ici nous reprochent, maintenant qu'il y a du chômage ici aussi, d'occuper un emploi qui leur « revient en priorité » selon eux.

— C'est vrai que le gouvernement de l'époque a tout fait pour nous faire venir. On nous disait : « Il n'y a plus de travail dans la culture de la canne ni dans celle de la banane. Tout ça, c'est fini. Et la carotte c'était : dans cinq ans vous serez titularisé. » Alors, même en dehors du BUMIDOM, beaucoup d'Antillais et d'Antillaises sont venus, confirme Bernard, employé à la RATP. Il y avait ceux qui pouvaient passer les concours mais pour tous les autres, au départ, il y avait des stages. Ce qu'on ignorait, c'est qu'à la fin du stage on n'avait pas forcément un emploi. On n'avait pas forcément un poste à la fin du stage ! Par exemple, mon oncle est venu faire son stage, à Bordeaux. A la sortie, on devait lui remettre son billet de retour pour la Guadeloupe où il aurait dû occuper un poste pour lequel il avait été formé. Mais on lui a dit qu'il n'y avait pas de poste libre là-bas et on lui a proposé d'entrer dans une entreprise ici. Il pouvait refuser et rentrer en Guadeloupe, mais à ses frais ! Alors, il est resté...

— Les stages, précise Moïse, également agent à la RATP, les Antillais les faisaient pour acquérir une meilleure qualification et gagner davantage d'argent. Pour les P. & T. on venait passer le concours à Paris, on était nommé par Paris. On ne nous demandait pas notre avis, il ne nous restait plus qu'à espérer une mutation au pays...

— Ce qu'on peut le plus lui reprocher, à notre mère patrie, c'est justement notre manque de qualification, intervient Évelyne, employée aux Chèques postaux. Pourquoi tant d'auxiliaires, parmi les Antillais ? Dans les P. & T., les emplois d'auxiliaires, c'est pour les Antillais. Croyez-moi, on ne leur donne pas beaucoup de facilités pour se préparer à des concours qui leur permettraient d'espérer une titularisation. Quand je suis arrivée ici, j'avais peu de qualification ; je m'en suis vite rendu compte d'autant que, avec le racisme ambiant, on ne s'est pas privé de me le faire remarquer!

Si l'espoir d'un emploi est à l'origine de la venue en métropole de la majorité des Antillais qui s'y trouvent actuellement, d'autres raisons ont motivé diverses catégories de populations. Les enfants tout d'abord, laissés dans un premier temps à une grand-mère, et qui, souvent après une longue séparation, doivent rejoindre leurs parents, fréquemment une mère seule, d'ailleurs.

— Ma mère a quitté la Martinique parce qu'elle pensait qu'elle allait trouver un meilleur travail en France. Ici, elle est devenue aide-soignante. Elle trouve qu'ici on a une meilleure éducation parce que l'école est meilleure en France. Mes cousins là-bas, ils ont certains bouquins comme moi mais pas tous. Par exemple, j'ai un cousin, il a un bouquin d'anglais, eh ben il est pas riche en vocabulaire. Il est en 4e comme moi et les mots de son bouquin, je les connais tous. Dans le mien, il y en a plus, il est plus dur. Dans le sien, il y a des manques... (Mélaine, CES Garges-les-Gonesse.)

— Ma mère cultivait la canne à sucre. Elle la récoltait et la vendait. Elle est venue avec mon père d'abord. Il est électricien. Mais maintenant, ils sont séparés. (Roseline, 4e, CES Garges-les-Gonesse.)

— Je viens de la Guadeloupe. Mes parents sont venus en France pour trouver du travail. Je suis venu six ans après eux ; seul. Je voulais les voir et j'ai voulu rester avec eux. Ma mère est couturière et mon père est cuisinier. (Sébastien, 4e, CES Garges-les-Gonesse.)

— Mes parents vivaient en Guadeloupe, ils sont venus ici chercher du travail. Ils sont tous les deux aux

P. & T. Mon père est venu le premier. Ma grande sœur était restée là-bas, c'est ma grand-mère qui l'a élevée ; elle est venue quand ma mère a trouvé du travail. Moi, je suis née ici. (Isabelle, 4e, CES Garges-les-Gonesse.)

— J'ai quatorze ans, j'ai un an de retard. Je suis arrivée il y a huit mois. Mes parents, eux, sont là depuis quinze ans mais moi et mes cinq sœurs, on a été élevées par ma grand-mère ; maintenant, ma grand-mère est morte alors mes parents nous ont fait venir. (Laurence, 5e, CES Sarcelles.)

— Je suis arrivée à douze ans. Je ne suis jamais retournée. Il y a eu beaucoup de problèmes entre mon père et ma mère. C'est pour ça qu'ils sont venus. D'abord mon père, puis ma mère. Alors nous, les enfants, on était chez notre grand-mère et, comme elle travaillait dans la plantation, qu'elle allait sur le marché, elle pouvait pas continuer à assumer la responsabilité de six enfants. Ce qui fait que nos parents nous ont fait venir. Nous sommes arrivés à cinq. Une sœur était chez l'autre grand-mère ; elle nous a rejoints l'année d'après.

Des récits de ce type, nous en avons entendu d'écoliers et écolières, de collégiens et collégiennes à Garges-les-Gonesse, Orly, Paris (XVIIIe et XIXe arrondissements), Sarcelles, Saint-Christophe, Les Ulysses, etc. Nous avons rencontré aussi des enfants et des jeunes nés en France, vivant avec père et mère ou mère seule. Ils semblent avoir moins de difficultés de toutes sortes que les enfants nés aux Antilles arrivés en métropole en cours de scolarité.

— Je suis arrivée l'année dernière, raconte Lazare. J'ai rejoint ma mère qui est là depuis plusieurs années. Avec l'école, ma mère elle a été étonnée parce que là-bas j'étais fort et, quand je suis arrivé ici, j'étais presque nul ! Ma mère elle y pouvait rien parce que je la voyais presque pas, elle travaillait. Quand elle voyait les notes que j'avais, elle était étonnée. Elle m'a demandé si je voulais retourner là-bas, j'ai dit non. Maintenant, ça commence à aller...

Sur ce sujet, madame Eugène, animatrice d'une association antillaise aux Ulysses, est intarissable :

— Bien sûr que j'ai rencontré des enfants qui avaient des problèmes d'adaptation scolaire ! Il y a des enfants, à l'âge où ils arrivent ici, ils ont du mal à s'adapter. Surtout quand les profs françaises leur donnent des cours d'orthographe, des trucs comme ça. Des fois, des enfants me disent : « J'ai demandé à la maîtresse de répéter pour moi, elle a pas voulu. » Il faudrait bien que les maîtresses sachent que l'enfant n'est pas encore adapté à leur façon de parler la langue française, qu'elles, elles parlent tellement vite que des fois l'enfant n'a même pas le temps de réfléchir comment il doit écrire. Mais elles n'ont pas toujours la patience. Ces enfants, on devrait les aider un peu plus, leur donner le temps de s'habituer. Ils sortent du chaud, ils arrivent dans le froid. C'est comme s'ils recevaient un coup de poing. Il faut qu'ils s'habituent à respirer le nouvel air qu'ils rencontrent.

D'une certaine façon, l'observation de Guy Divial, animateur de Radio Madikera, aux Ulysses, va dans le même sens :

— Nous parlons comme nous marchons ; ici, nous apprenons à parler vite, à marcher vite mais, en Guadeloupe ou en Martinique, nous sommes lents, nous marchons et nous parlons posément. C'est vrai que les enseignants, ici, ne sont pas toujours sensibles à cet aspect de la personnalité de l'enfant antillais qui arrive.

Cette sensibilité, madame Cornu, institutrice en maternelle à Orly, l'a acquise au cours de ses vacances studieuses en Martinique :

— Avant mon voyage, quand je voyais mes petits élèves antillais, j'avais quelquefois envie de leur dire : « Allez, secouez-vous un peu ! » Mais une fois là-bas, je me représentais les petits gamins que j'avais en classe, ce que je leur demandais... Je les revoyais et je me disais : « Mais c'est pas possible, je leur demande trop de choses ! Ils ne peuvent pas rester assis comme nous, c'est pas possible ! On leur demande trop en France quand ils arrivent de là-bas !»

Pour les parents que leur situation sociale n'a pas contraints à l'émigration, le désir de donner à leurs enfants une bonne scolarité, de les faire accéder à l'enseignement supérieur a justifié qu'ils s'en séparent un temps.

— Je suis arrivée, j'avais vingt-deux ans. J'avais décidé de venir faire des études d'infirmière à Paris. (Marie-Laure, éducatrice de jeunes enfants.)

— J'ai vingt-quatre ans ; je suis arrivée il y a cinq ans pour préparer les examens d'entrée dans une école d'éducatrices. (Josette, éducatrice de jeunes enfants.)

— Je n'avais pas le choix : je voulais faire des études de biologie. Je ne pouvais les faire qu'ici. (Béatrice, vingt-quatre ans.)

— Aux Antilles, on peut faire économie et droit, pas lettres, sauf à la Martinique ; mais ça s'arrête au DEUG. Après, on est obligé de venir en métropole. Moi, j'ai préféré venir avant le DEUG, ne pas commencer en Martinique pour continuer ici. (Mylène, vingt ans.)

A la nécessité de trouver un emploi pour vivre, au désir de promotion culturelle et sociale par les études, s'ajoute pour certains et surtout pour certaines l'aspiration à une société moins prégnante, moins coercitive, moins régie par la magie, aussi.

— Ma mère, c'est son divorce qui l'a décidée à partir. Ce n'est pas le travail, parce que là-bas elle travaillait, elle était gouvernante. Elle est venue toute seule. Elle venait de divorcer et elle avait la garde de ses huit enfants. Nous sommes restés avec ma grand-mère. Les oncles, les tantes, toute la famille veillait sur nous. Au bout de la première année, ma sœur aînée a rejoint ma mère. Après, je suis venue avec mon petit frère. (Mélaine V., Orly.)

— Moi, raconte Virginie qui est martiniquaise, je voulais partir de la maison, je ne pouvais plus supporter d'être constamment surveillée par mes parents, par la famille, par les voisins. A la fin, mes parents ont été d'accord pour que je parte. J'avais le choix entre la Guadeloupe et la France mais il n'y a que soixante kilomètres entre la Guadeloupe et la Martinique alors ça aurait été facile de venir me casser les pieds !

— J'ai une amie, raconte Mylène, elle a vingt et un ans. Encore maintenant, quand elle va en vacances aux Antilles, son père ne la laisse pas sortir comme ça ! Sa mère est obligée de mentir : elle dit que sa fille va quelque part alors qu'elle va ailleurs, afin qu'elle puisse sortir sans problème.

— Dans mon choix de faire mes études à Paris, il y avait le désir de m'éloigner de mon père, parce que mon père était très sévère. Il a d'ailleurs essayé de s'opposer à mon départ. Les pères sont très sévères avec leurs filles ; peut-être parce qu'ils connaissent les risques... (Nathalie.)

— Beaucoup de filles venaient en métropole, il n'y a encore pas si longtemps, parce qu'elles étaient enceintes ; elles devaient cacher la « honte », rapporte Évelyne.

D'autres ont quitté les Antilles pour échapper aux mauvais sorts dont ils se jugeaient victimes :

— J'ai quitté les Antilles après le décès de ma mère, il y a dix-huit ans de cela, dit Anne-Marie. Un jour, un voisin, avec qui on avait eu un problème à cause de ses chats, a dit à la propriétaire de la maison que nous habitions : « Je partirai, mais elle partira avant moi. » Et effectivement, avant qu'il déménage, ma mère est morte. Elle avait eu un malaise, l'ambulance est venue la chercher le dimanche à midi et lui, il a déménagé le dimanche soir. C'est peut-être une coïncidence mais, depuis, je me dis qu'il y a des gens qui ont des pouvoirs. Avant, je n'y croyais pas. Ma mère n'y croyait pas non plus. Et pourtant, ce que cet homme-là avait voulu s'est réalisé...

— Je crois aussi que là-bas il y a des gens qui ont le pouvoir de faire du mal. J'ai une sœur qui est mariée. Les parents du garçon ne voulaient pas de ce mariage. Ils se sont mariés quand même et la mère a dit : « Ils se sont mariés mais elle n'aura jamais d'héritiers. » Eh bien ma sœur n'a jamais pu mener une seule de ses neuf grossesses à terme. Elle n'a jamais eu d'enfants. Ma mère lui disait : « Quitte cette maison, elle va finir par te tuer. » Elle a quitté la maison mais elle n'a pas eu d'enfants. J'étais gamine alors mais je me souviens qu'on disait de cette femme qu'elle était capable de commander le mal. Est-ce vrai ? Est-ce une coïncidence ? (Marie-Jo.)

Ainsi, pour une raison ou pour une autre, par milliers, des Français d'outre-mer ont quitté la Martinique, la Guadeloupe pour une métropole un peu mythique où ils espéraient trouver une solution à leurs problèmes. La mère patrie qui les accueillait leur a semblé parfois avare de tendresse.

2

# Notre vie en France

L'arrivée et l'installation en métropole sont, pour les Antillais, l'occasion de surprises plus ou moins agréables. S'ils n'ont pas à apprendre notre langue puisqu'elle est aussi la leur, contrairement aux migrants originaires de pays étrangers, ils doivent faire l'effort de s'adapter au climat, à la couleur du temps, à de nouvelles conditions de vie et de travail, à des espaces limités, à une nourriture différente de celle à laquelle ils sont accoutumés.

— Là-bas, on nous parle de la France... Quand je suis arrivée, j'ai été très déçue. Je suis arrivée fin septembre, il faisait froid, c'était l'automne. Il faisait un temps épouvantable. Je trouvais les rues sales... Mais la chose la plus terrible, c'était la solitude... (Josette, éducatrice de jeunes enfants.)

— Le premier hiver, je ne suis pas sortie ! (Marie-Jeanne, CES Garges-les-Gonesse.)

— J'ai trouvé la vie différente, complètement décalée par rapport à la vie aux Antilles. Chez nous, le soleil empêche la vie l'après-midi, il fait très chaud, le soleil et le vent empêchent toute activité. Les gens sont rythmés par le soleil ; alors la vie, elle commence au soleil tombant. (Nathalie, collégienne à Sarcelles.)

— Je suis arrivée à Sarcelles en plein mois d'août. Ce qui m'a manqué le plus, ce sont les arbres... (Marie-Odile, collégienne.)

Avec le soleil et la nature, ce qui fait le plus défaut à ces jeunes c'est l'espace qui, là-bas, ne leur était pas mesuré et leur donnait un sentiment de liberté.

— Quand on est habitué à vivre dehors, à avoir de l'espace, c'est dur d'être confiné dans un appartement. On se cogne aux meubles, on renverse toujours quelque chose. Dans l'HLM on entend tout ce qui se passe chez le voisin ; les cloisons sont minces. On ne peut pas chanter ou jouer de la musique comme on veut. Il faut marcher doucement pour ne pas gêner les voisins du dessous... (Bruno, collégien, Paris XVIII$^{e}$.)

— Je suis d'accord avec Bruno, je n'aime pas les grands immeubles, je préfère les maisons comme chez nous où l'on entre et sort comme on veut. Ici, pas question d'aller dans la rue... (Fabien, collégien.)

Lorsque Peggy ose affirmer qu'il y a plus de confort en France, que là-bas « il y a des cafards et des moustiques », elle provoque un concert de protestations. « Elle est folle ! » dit l'un. « Elle dit n'importe quoi ! » ajoute une autre. « Et le soleil, la mer, les baignades, les sorties avec les amis, tu connais pas ? » lui demande-t-on. Mais Peggy ne se laisse pas impressionner : « Si, j'aime tout ça, mais j'aime aussi aller au zoo de Vincennes, ici ! »

— Moi, ce que j'aime, c'est descendre les mornes en kart, un kart qu'on se fabrique avec des caisses en bois très solide. Essaye de faire ça ici ! dit Patrick, parisien depuis peu de temps. Ici, moi je souffre du climat, du manque de copains, des contraintes de la vie. J'habite dans un immeuble, on n'a pas l'impression d'y être chez soi tellement la vie des autres rentre dans votre appartement, avec les cris, les rires, les transistors qui marchent à tout casser. Et en plus, je ne peux même plus faire de la bicyclette ou de la mobylette comme je faisais en Guadeloupe. D'ailleurs, même si j'avais une bicyclette, ici, je n'oserais pas la prendre à cause du trafic.

Tous les jeunes rencontrés dans les collèges de Paris et de la banlieue parisienne ont exprimé d'une manière ou d'une autre cette impression d'avoir perdu un espace de jeu et de libre circulation.

— Ici, les gens n'ont pas le temps de s'amuser. Quand je suis arrivée, j'ai trouvé tout morne et monotone. (Christelle, Saint-Christophe.)

— Là-bas, on ne se rend pas compte ; la vie ici, on l'imagine super bien. Quand on est aux Antilles, on se dit : « J'aimerais bien aller en France, ça doit être cool. » Et quand on vient ici, c'est pas du tout ça ! (Patricia, étudiante, Les Ulysses.)

Des enseignants se plaignent parfois de ce que les élèves originaires des Antilles sont régulièrement en retard aux cours. Ils s'interrogent : nonchalance naturelle irréductible ? Insouciance des parents ?

Patrice, à Paris depuis trois mois seulement, explique :

— J'arrive en retard parce que, le matin, je n'arrive pas à me réveiller. Surtout maintenant qu'on arrive en hiver. Quand ma mère me réveille, il fait encore tout noir. Je ne peux pas me lever, c'est plus fort que moi.

Son propos fait naître un sourire sceptique sur les lèvres des élèves métropolitains mais Patrice est relayé par d'autres jeunes Antillais :

— Au début, moi aussi j'étais comme Patrice, parce que, à la Guadeloupe, le soleil se lève très tôt et on n'a pas envie de rester couché. Tandis qu'ici, en hiver, à huit heures du matin, il fait encore nuit ! (Yannick.)

— A la Martinique, à six heures du matin, le soleil se lève, les oiseaux chantent, on saute de son lit vite fait ! Au début que j'étais ici, tous les matins, quand ma mère me réveillait, je pleurais... (Catherine.)

— Ici, en principe, l'hiver ne dure que trois mois mais souvent, au printemps, il fait encore froid et, en automne, il fait déjà froid, observe Fabien.

Variation des saisons, ensoleillement « décalé » ne sont pas les seules causes des chocs ressentis par ces transplantés jeunes ou moins jeunes. Parmi celles-ci, l'alimentation n'est pas la moindre...

— Quand on arrive ici, se souvient Mylène, on trouve la viande blême. On ne mange pas la viande quand on débarque ! Le poisson est fade, la viande est blême. Et puis, on s'habitue... Le fromage, chez nous, à part la crème de gruyère, on n'en mangeait pas. Maintenant, j'en mange avec plaisir.

— Vivre ici comme aux Antilles c'est d'abord consommer la même nourriture que là-bas, soulignent Marie-Laure et Josette. Le gars qui est ici depuis vingt ans, tous les dimanches il lui faut ses haricots rouges avec des ignames et du poulet ou du lapin, ou des viandes en sauce avec des haricots rouges. Il est en France depuis vingt ans mais tous les dimanches il mange ça ! Si sa femme ne fait pas ces plats-là, elle l'entend ! Quand il rentre du foot à midi, il lui faut son riz créole de la même façon qu'aux Antilles. Il faut qu'elle achète ses produits au supermarché antillais, de la même façon. Même les boissons, il lui faut celles de là-bas !

A l'évidence, pour ce « gars » comme pour ceux et celles que l'on peut croiser dans les supermarchés spécialisés qui se sont multipliés ces dernières années là où les communautés antillaises sont importantes, manger ce n'est pas seulement se nourrir, c'est une manière de retrouver, par le goût et l'odeur des choses, le lointain pays, les parents et les amis dont on a la nostalgie.

— Bien sûr, venir en France, ça a été un dépaysement, se souvient Mylène, étudiante en lettres, mais je me suis adaptée assez facilement. Peut-être parce que, étant de père guyanais et de mère guadeloupéenne, j'ai vécu ici et là avant de venir à Paris. Or, quoi qu'en pensent les gens d'ici qui voient les Antilles d'une seule pièce, les deux pays sont différents l'un de l'autre. Le créole guyanais n'est pas celui de la Guadeloupe ni de la Martinique. Il a subi des influences anglaises, hollandaises. Il y a aussi des différences de nourriture, de coutumes. Quand j'ai dû passer un an et demi en Guyane, venant de la Guadeloupe, je me suis adaptée. Je m'adapte ici de la même manière. Au début j'avais envie de retourner chez moi. Le soleil me manquait, la mer aussi. Mais après, on s'habitue... Maintenant, ça ne me manque pas tellement. Il y a aussi qu'on n'a jamais quitté ses parents et que, tout d'un coup, on en est séparés. On s'habitue mais ça marque. Par goût personnel, je préférerais retourner chez moi. Mais bon ! pour le moment j'étudie, il faut que je reste.

Si les adultes, tout comme leurs enfants, vivent difficilement la nécessité de s'adapter le plus rapidement possible aux changements de climat et de nourriture, ils considèrent pourtant que ces chocs-là ne sont pas les plus durs à supporter. Sur le chemin de leur insertion dans la société métropolitaine ils rencontrent en effet bien d'autres obstacles qu'ils n'avaient pas toujours soupçonnés, persuadés - aussi longtemps qu'ils vivaient aux Antilles - d'être des Français comme les autres.

Le premier des obstacles sur lesquels butent ces Français des départements d'outre-mer, qui découvrent alors la discrimination dont ils sont l'objet, est sans conteste celui du logement :

— Mon père travaillait ici depuis quelques années quand je suis arrivé avec ma mère et mes six frères et sœurs. Il ne voulait plus rester séparé de sa famille. Pour tout logement, il n'avait qu'une pièce de vingt mètres carrés, si bien qu'il a fallu que les aînés se détachent du reste de la famille pour aller chez des oncles et tantes, des cousins et cousines, des papas... C'était difficile de se retrouver tous ensemble pour une activité familiale. Ça a duré jusqu'à ce que ma mère obtienne un poste à l'Assistance publique. Les deux parents travaillant, on a pu viser un appartement qui permette notre réunion. (Guy Divial, animateur de Radio Madikera.)

— Mon mari était propriétaire d'un petit appartement dans le XVIIIe arrondissement, raconte Marie-Thérèse Rouil, journaliste, auteur de livres pour enfants. Désireux de le louer, il avait fait paraître une annonce qui nous a valu beaucoup d'appels téléphoniques. Un jour une femme demande si l'appartement est toujours libre, si on accepterait de le louer à une femme mère de famille. Comme on lui répond que oui, elle ajoute : « Mais je dois vous dire qu'elle est noire. » J'ai fait : « Ah, elle est noire... » et, avant qu'explose la colère que je sentais monter en moi, elle a demandé, du ton de quelqu'un qui aurait parfaitement compris qu'on n'accepte pas de louer son appartement à un Noir : « Vous n'acceptez pas les Noirs ? » J'ai enfin répondu : « Si, d'ailleurs je suis noire moi-même. » Croyant sans doute me faire plaisir, elle a ajouté : « Ah bon ! Ça ne s'entend pas à votre accent... »

On m'avait prévenue, donc on prévient les propriétaires en général ! On a beau savoir que le racisme existe, ça fait tout de même un choc de s'y cogner...

Cette seule anecdote illustre une situation que de très nombreux Antillais ont vécue et vivent encore quotidiennement suivant un schéma devenu classique :

— Coup de téléphone à l'agence...

— Oui, l'appartement est encore libre...

— Oui, les conditions me conviennent...

— Oui, bien sûr, vous pouvez visiter...

Rendez-vous est pris... Mais, lorsque le candidat locataire se présente :

— Ce n'est pas de chance vraiment ! L'appartement est déjà loué.

Et inutile d'insister : « Non vraiment, nous n'avons rien qui puisse vous convenir actuellement. »

Façon hypocritement polie de signifier qu'on ne veut pas d'un locataire noir, français ou pas, et de tourner la loi qui interdit ces pratiques discriminatoires.

— Et dans le travail, c'est pareil ! dit encore Marie-Thérèse Rouil. On ne peut pas refuser l'accès à la fonction publique aux Antillais, mais on les cantonne dans les emplois subalternes : aides-soignantes, trieurs à la poste, femmes de service dans les écoles, etc. Dans le secteur privé c'est pire, on ne se gêne pas pour leur refuser les postes à pourvoir.

Pas plus qu'une hirondelle ne fait pas le printemps... la présence de monsieur Léon Saint-Prix à la tête de la préfecture de Seine-Saint-Denis, celle du professeur Paul-Étienne Valère comme chef du service de cardiologie à l'hôpital Beaujon de Clichy-la-Garenne, ou celle encore — pendant peu de temps — de monsieur Roger Bambuk au ministère de la Jeunesse et des Sports ne font la promotion sociale et culturelle de tous les Antillais vivant en métropole.

— Je sais que, même à qualification égale, on préfère embaucher un métropolitain plutôt qu'un Antillais, dit Mylène. Récemment, une de mes amies postulait pour un emploi. Au téléphone on lui a dit de se présenter le jour même ; quand elle est arrivée on lui a dit que la place était prise...

— C'est le maire qui choisit le personnel pour les crèches. Je suis sûre que je n'obtiendrai pas la direction de crèche que j'ai demandée, dit Marie-Laure. Qu'est-ce que je peux faire ? S'il me la refuse j'irai lui demander ses critères de sélection. J'ai mon diplôme et j'exerce depuis sept ans. Il faut cinq ans pour postuler une direction. Je me battrai tout en sachant que j'ai peu de chances...

— Je suis étudiante mais je travaille à temps partiel. J'ai sollicité une bourse qui m'a été refusée. Même une chambre à la cité universitaire m'a été refusée. On estime que mes parents, qui travaillent tous les deux, peuvent subvenir à mes besoins ici. D'une part, je suis majeure, d'autre part, même travaillant tous les deux, mes parents ne peuvent couvrir la totalité des dépenses obligées ici. Alors je travaille à temps partiel. Je suis télé-prospectrice, c'est-à-dire que je fais de la vente par téléphone. C'est pas triste ! Je vais arrêter parce que c'est trop pénible. Il faut obtenir vingt rendez-vous par mois, réussir à convaincre vingt personnes de prendre un rendez-vous ! J'ai fait une demande pour être caissière dans un Monoprix. Concilier les études et le travail, c'est dur mais je suis obligée de le faire. Mes parents ne savent pas que je travaille comme ça en préparant la maîtrise de lettres. (Mylène.)

— J'étais lente quand je suis arrivée. Évidemment, je ne m'en rendais pas compte, se souvient Josette, éducatrice de jeunes enfants. Et, parce que j'étais lente, j'ai raté l'examen, la première année. La psychologue m'a trouvée très lente et j'ai dû reprendre des cours pour me mettre dans le bain. Après, quand j'ai travaillé, j'ai pris l'habitude de me presser et maintenant, comme tout le monde ici, je cours, je ne veux pas rater mon train, je suis toujours pressée.

— Je peux vous dire que, pendant mes études, on ne m'a pas fait de cadeaux, ajoute Marie-Laure. Mon diplôme, je l'ai mérité ! Plus que les Françaises qui étaient avec moi. Une Antillaise, pour être simplement reconnue, il faut qu'elle soit non seulement performante, mais championne dans sa catégorie ! A l'école d'infirmières, on entrait par concours. On était plus de mille candidates et on n'en prenait que deux cents. Et j'étais dans les deux cents. Je crois que je suis capable de faire aussi bien qu'une autre mais au moindre problème on vous classe parmi celles qui ne sont pas capables de suivre. Il y a des chefs d'établissement qui disent que, s'ils ont des taux d'échecs de 10 %, c'est à cause des Antillaises. L'échec, c'est pas parce qu'elles sont antillaises, c'est parce que, à beaucoup de jeunes Antillaises, il manque toute une base qu'on ne leur a pas donnée aux Antilles, à l'école antillaise.

— Oui, reprend Josette, la fille qui vient ici faire des études après avoir passé son concours aux Antilles, elle doit s'adapter à la façon de travailler en fac, à la façon de suivre les cours, à la rapidité des cours qu'il faut prendre vite en notes. Tout diffère. C'est une adaptation à une autre vie. Ça ne se fait pas toujours sans douleur...

Si les Antillais vivent mal les phénomènes de rejet dont ils sont l'objet de la part d'employeurs, d'administrations ou d'institutions, ils sont bien souvent ulcérés par le comportement, à leur égard, de leurs collègues « blancs » ou des « Blancs » auxquels ils ont affaire dans l'exercice de leur profession :

— Les collègues de travail, dit Salomon qui est infirmier, on a l'impression que ce qui nous arrive ne les touche pas ! Un collègue martiniquais a été absent quelque temps, après un malaise cardiaque. C'était comme s'il n'avait jamais été là, personne ne s'est même informé de ce qu'il devenait. En revanche, pour un collègue métro arrivé depuis peu parmi nous, tout le monde s'est inquiété, simplement parce qu'il ne parlait pas.

— Je suis éducatrice spécialisée dans un hôpital, raconte Rose-Marie. Sur la porte de mon bureau il y a un panneau sur lequel on peut lire : « Bureau de l'éducatrice chargée de recevoir les familles ». Je reçois les parents qui viennent accompagner leurs enfants. Je les attends et presque toujours, après un coup d'œil dans ma direction, ils passent devant mon bureau sans s'y arrêter ; ils s'adressent à l'aide-soignante blanche qui doit leur dire : « C'est là. » Un jour, avec le médecin chef, j'ai reçu un parent qui avait un enfant en plein délire de persécution et ce monsieur, directeur de collège, se tourne vers le médecin chef pour lui expliquer que cet enfant-là est le meilleur de ses trois enfants. Il énumère ses qualités et il conclut : « Il bosse comme un Nègre. » C'était comme si j'avais été transparente à ses yeux. Le plus gêné, c'était le médecin chef !

— A la crèche, il n'y a pas de problème ; dans les hôpitaux non plus. Ce sont les adultes qui mettent l'accent sur la différence, précise Marie-Laure. Une collègue blanche m'a demandé : « Tu n'as pas de problèmes avec les enfants ? Ils ne te traitent pas de mal blanchie ? Ils ne te demandent jamais si tu n'as pas oublié de te laver ce matin ? » Ça, ce sont des propos d'adultes imbéciles, pas des propos d'enfants. Ça ne m'a pas touchée, ça ne m'a pas vexée mais j'ai quand même été surprise parce que je ne m'attendais pas à ça d'elle. Je ne peux plus la regarder de la même façon qu'avant.

— C'est avec les malades en général que nos rapports sont les meilleurs mais, avec les collègues blanches, on a souvent l'impression qu'elles n'acceptent pas l'égalité entre elles et nous, même si nous avons les mêmes diplômes, constate Jocelayne.

— Ici, dans les difficultés, on se rend compte qu'on est antillais. Je me bats au travail, je me bats partout. Déjà, pour se faire accepter par les collègues de travail... L'erreur ne nous est pas pardonnée, il faut toujours faire très attention, confirme Marie-Odile.

Ces pratiques discriminatoires malheureusement trop fréquentes sont ressenties comme autant d'agressions qui conduisent bon nombre d'originaires des DOM à l'isolement et au repliement sur eux-mêmes. Ils recherchent alors, au travail et dans la cité, le contact avec d'autres Antillais pour tenter de retrouver la solidarité qui caractérisait les relations humaines au pays. En fin de semaine, les réunions familiales et amicales, les rencontres à l'église ou au temple, une vie associative importante permettent de ne pas perdre pied, de s'affirmer en prenant conscience de ses droits.

— Les Antillais sont d'un naturel chaleureux dans leur patrie d'origine, plaide Jocelayne, mais ici, quand ils s'aperçoivent que la mère patrie qu'on leur a tant vantée n'existe pas, ça leur fait un tel choc que la méfiance s'installe, la méfiance à l'égard de tous ceux qui ont une couleur différente de la leur et qui, à cause de cela, veulent les dominer.

— C'est une réaction normale à l'humiliation subie, précise Salomon.

— Ici, on ne peut pas se développer comme on voudrait, intervient une jeune femme aide-soignante. On n'a plus les chaînes mais on se sent quand même un peu esclave d'une certaine façon.

— Moi, je ne me sens pas esclave, proteste Salomon. Parce que personne ne m'oblige à rester en France. Mais on nous a si bien modelés que, maintenant, on a peur de perdre son boulot. On ne peut pas faire le fou et décider de repartir comme ça !

— On est prisonnier en quelque sorte, s'exclame une autre jeune femme.

— Les chaînes, c'est dans notre tête qu'elles sont...

La conversation, qui a lieu à la Bourse du travail de Paris, risquerait de prendre le ton des lamentations si Jocelayne, syndicaliste, n'entreprenait de dynamiser la petite troupe :

— Si on n'est pas militant, il y a de quoi perdre les pédales. Mais on est militant... alors, les chaînes... les chaînes... De ce point de vue, on est dans la même situation que les travailleurs français même s'ils ne le savent pas toujours, même si parmi eux il y en a de racistes !

# Les mères ?
# Elles sont la vie !

Rencontrer des Antillais et Antillaises vivant en métropole oblige à constater qu'un pourcentage important de femmes assument solitairement l'entretien et l'éducation de leurs enfants souvent nés de différents pères. Mariées puis divorcées, ou restées célibataires, il n'est pas rare qu'elles élèvent quatre, cinq ou six enfants sans participation masculine à la vie familiale.

Du côté des enfants, cette absence du père provoque des sentiments variés qui vont de l'apparente indifférence à la rancœur tenace en passant par l'angoisse, s'agissant des filles :

— Ma mère est comptable à Bobigny. Mon père est reparti... (Édouard, CES Sarcelles.)

— Mon père est architecte. Il est reparti aux Antilles. Maintenant, ma mère est femme de service dans une école (Benoît, CES Sarcelles.)

— Les mères, elles s'occupent de leurs enfants, intervient Nathalie, mais les pères, ils vont surtout danser. Ils aiment être avec plusieurs femmes. Pas tous, bien sûr, mais la plupart...

— Les pères préfèrent ne pas s'occuper de l'enfant. Ils peuvent donner de l'argent à la femme mais ils ne s'occupent pas de l'enfant. Des fois, ils le laissent complètement tomber. C'est pour ça que ce sont les mères qui s'occupent des enfants. C'est pas tous les hommes, mais c'est la moyenne. (Jean-François, Sarcelles.)

— Ma mère, elle avait dix-neuf ans quand elle s'est mariée et mon père il est parti quand je suis né. Mais il donne de l'argent à ma mère. Je le vois quand je vais en Martinique. (Vincent, Sarcelles.)

— Moi, je ne vois pas mon père. Je lui en veux... Il est en Guadeloupe et je suis bien content. (Fabien, CES Paris XIX$^{e}$)

— La cousine chez qui j'habite est célibataire, dit Mylène. Elle a deux enfants de deux hommes différents. Les enfants n'ont aucune relation avec leurs pères ; ils ne posent jamais de questions à leur sujet. L'aîné avait l'occasion de rencontrer son père, il a refusé de le voir. Quant à la petite, quand son père a téléphoné et a demandé à lui parler parce qu'il voulait la voir, elle a dit : « Non, je ne veux pas le voir ; je n'ai rien à lui dire. »

— La mère, elle est tout ! L'éducation, l'école, les devoirs, tout ce qui concerne la vie des enfants, c'est la mère, dit Marie-Laure. Souvent, il n'y a pas de père à la maison. Mais même s'il y a un père à la maison, tout revient à la mère.

Quant à Christelle, âgée de seize ans, quand on lui demande comment elle envisage l'avenir, elle soupire :

— Ça me fait peur ! Moi, je voudrais former un vrai couple...

Du côté des adultes, parents ou non, on tente de trouver une explication au comportement des femmes d'une part, présentées comme acceptant trop facilement la domination des hommes, des hommes d'autre part, dont le vagabondage sentimental et sexuel est jugé avec une certaine indulgence.

— C'est une question d'éducation, dit Louise Rapha. C'est vrai que des hommes entretiennent deux ou trois foyers. Je ne dis pas que les couples inter-raciaux n'ont jamais de problèmes mais chez les Antillais...! J'apprends à mon fils qu'il ne doit pas gâcher sa vie mais qu'il ne doit pas non plus gâcher la vie d'une ou deux filles. Il y a un proverbe antillais qui dit : « Je lâche mon coq, attention à vos poulettes. » Ça dit bien ce que ça veut dire : le garçon, il peut faire ce qu'il veut, aller où il veut. Les filles, pour qu'il ne leur arrive rien, il faudrait qu'elles restent cachées ! C'est encore ancré dans les mentalités cette idée-là. Et trop de mères acceptent cela de la part de leurs fils.

— C'est vrai que cette forme de matriarcat existe chez nous, dit Évelyne, quand nous évoquons la solitude et le courage de ces mères chefs de famille. Mais il ne faut pas croire que c'est général ! Mon père et ma mère sont restés mariés très longtemps. J'avais quinze ans quand ils se sont séparés. Moi, je suis mariée depuis dix-huit ans. Et je ne suis pas un cas unique. Dans mon entourage, beaucoup de couples vivent depuis très longtemps ensemble. Tous mes oncles vivent avec mes tantes depuis vingt ans, vingt-cinq ans, trente ans... Mais c'est vrai aussi que beaucoup de femmes, beaucoup trop, sont absolument seules pour pourvoir à leurs besoins aussi bien matériels qu'affectifs.

— Pour moi, dit Moïse, ces Antillais qui ont trois, quatre, cinq femmes et qui ont des enfants avec chacune, c'est leur côté africain. C'est ce qui est resté de l'origine africaine.

Rigobert, quant à lui, trouve l'explication un peu courte et en préfère une autre :

— Ce comportement de beaucoup d'Antillais, cette incapacité à s'attacher durablement à une femme, c'est une séquelle de l'esclavage. A cette époque-là les maîtres des esclaves les faisaient s'accoupler pour qu'ils se reproduisent. Ils obtenaient ainsi d'autres esclaves sans bourse délier. Dans ces conditions-là, les hommes ne pouvaient s'attacher aux femmes. Il n'y avait pas de vie familiale possible pour les esclaves ; ils n'y avaient tout simplement pas droit ! D'ailleurs, les femmes et leurs enfants vivaient dans les mêmes cases tandis que les hommes vivaient ailleurs, à part.

— Tout ça est vrai, répond Évelyne, mais s'en tenir aujourd'hui à cette explication historique me semble un peu simplet. Le temps a passé et il y a des Antillaises, je peux quand même le dire, moi je ne les comprends pas... Mais ça change, ça a commencé de changer. Les Antillaises qui sont nées, ont grandi et travaillent en métropole, pour la plupart, elles n'acceptent plus d'être traitées comme un objet qu'on prend et dont on se débarrasse quand on n'en a plus envie. Elles raisonnent comme les filles d'ici. Et les hommes aussi changent...

Les propos de madame Cornu, recueillis par ailleurs et à un autre moment, viennent à l'appui des propos d'Évelyne. Institutrice dans une école maternelle d'Alfortville fréquentée par nombre d'enfants d'origine antillaise, elle constate :

— D'après ce que j'ai pu voir durant mon voyage aux Antilles, il est fréquent que les couples soient séparés. L'homme a sa maison et la femme, arrivée à une certaine période de sa vie, a sa maison avec ses enfants. Mais ici, on a affaire à une nouvelle génération d'Antillais. On voit deux jeunes ensemble, qui s'aiment vraiment, qui vivent avec leurs enfants. Le père vient chercher les gamins ; il les prend dans ses bras. Ils partagent vraiment le travail de la maison. Ils viennent à l'école. Quand la mère ne peut pas venir aux réunions, c'est le mari qui vient. Ils sont très attentionnés et attentifs. On dirait qu'ils offrent à leurs enfants quelque chose qu'ils n'ont pas eu.

Et, comme pour conclure, Mélaine V. ajoute :

— J'ai été élevée sans mon père ; mon mari, lui, a été élevé sans sa mère. Je n'imagine pas la vie comme ça pour mon enfant. Mon mari non plus d'ailleurs. Les hommes d'ici, leur enfant a beaucoup d'importance et, même s'il arrive qu'ils se séparent de la mère, ils ne veulent plus renoncer à la garde de leurs enfants.

Trois, quatre, cinq enfants ou plus de pères différents, autant de « demi-frères et de demi-sœurs ». Comment ça se passe entre eux ? L'expression a fait sursauter tous les enfants et adultes interrogés :

— Les demi-frères ? Ça n'existe pas ! C'est une expression d'ici, ça, s'exclame Christophe, scandalisé. On n'a peut-être pas le même père ou la même mère mais c'est ma sœur ou c'est mon frère. On a au moins un sang commun.

— Mon frère et moi nous avons la même mère mais nous n'avons pas le même père. Et ça marche bien ! Depuis ma naissance, c'est mon frère. Il est toujours là quand j'ai besoin de lui. J'ai des sœurs là-bas, je ne connais même pas leurs dates de naissance, mais ce sont mes sœurs. Quand je vais là-bas, elles sont mes sœurs ; elles sont toujours mes sœurs, confirme Bruno.

— Moi, j'ai deux demi-sœurs et un demi-frère, comme vous dites ici, mais je ne dis jamais comme ça ! Ce sont mes frères et c'est ma sœur. (Fabien.)

— L'expression « demi-frère » ou « demi-sœur » est parfois utilisée pour les enfants que le père a d'une autre femme, précise Évelyne. Mais tous les enfants de la mère sont frères et sœurs. Ils sont tous « du même ventre », comme on dit chez nous. Et c'est ça qui compte...

# Dans le miroir tendu par les blancs

RU
CHRIST
MISS ANTILLES DARK-LO
LEADER
NTRE
ETIQUE

Parti en 1625, Belain d'Esnambuc, qu'un de ses contemporains décrit comme ayant été « inspiré par Dieu qui l'avait choisi pour être le père et le fondateur des colonies françaises dans les îles Cannibales », revient en France pour y chercher des appuis. Richelieu, à qui il décrit les richesses de l'île, lui accorde l'autorisation de créer la « Compagnie de Saint-Christophe et des îles adjacentes ». Celle-ci est fondée le 31 octobre 1626 « afin de faire instruire les habitants des îles en la religion catholique, apostolique et romaine », et aussi pour « trafiquer et négocier les deniers et marchandises qui se pourront recueillir et tirer desdites îles et de celles des lieux circonvoisins ».

Louis XIV s'en félicite, qui déclare dans un édit du 26 août 1670 : « Il n'y a rien qui contribue davantage au développement des colonies et de la culture de leurs terres que le travail laborieux des nègres. » Les négriers voient là une invitation à amplifier leur commerce, et les colons la nécessité d'organiser à leur plus grand bénéfice l'utilisation de la main-d'œuvre obtenue.

En 1685, sur proposition de Colbert, Louis XIV signe le *Code noir,* cet « édit du roi concernant la discipline de l'Église et de l'État, et la qualité des nègres esclaves aux îles de l'Amérique », édit que Louis Sala-Molins, auteur du *Code noir ou le calvaire de Canaan* (Presses universitaires de France, collection Pratiques théoriques, 1988), considère à juste raison comme « le texte juridique le plus monstrueux qu'aient produit les temps modernes ».

Autorités civiles et religieuses, « penseurs » même s'attachent dès lors à justifier en droit et en morale le rapt massif d'Africains déportés pour être réduits en esclavage et servir la vaste entreprise de brigandage que sera la colonisation de la Guadeloupe et de la Martinique.

Ainsi, le révérend père Labat, missionnaire aux Antilles en 1696, écrit-il, dans *Nouveau voyage aux Isles de l'Amérique*, qui sera publié en 1722 :

« C'est une loi très ancienne que les terres soumises aux rois de France rendent libres tous ceux qui s'y peuvent retirer. C'est ce qui fit que le roi Louis XIII, de glorieuse mémoire, aussi pieux qu'il était sage, eut toutes les peines du monde à consentir que les premiers habitants des îles eussent des esclaves, et ne se rendit enfin aux pressantes sollicitations qu'on lui faisait de leur octroyer cette permission que parce qu'on lui remontra que c'était un moyen infaillible, et l'unique qu'il y eût, pour inspirer le culte du vrai Dieu aux Africains, les retirer de l'idolâtrie, et les faire persévérer jusqu'à la mort dans la religion chrétienne qu'on leur ferait embrasser. » On a vu que Louis XIV n'aura pas eu à se faire violence pour surmonter d'éventuels scrupules de ce genre...

Pour sa part, Rousselot de Surgy, auteur de dix volumes constituant un *Abrégé d'histoire naturelle, morale, civile et politique de l'Asie, de l'Afrique et des terres polaires*, avait écrit à propos des Africains :

« Tous les voyageurs qui les ont fréquentés, tous les écrivains qui en ont parlé s'accordent à les représenter comme une nation qui a, si l'on peut s'exprimer ainsi, l'âme aussi noire que le corps... Tout sentiment d'honneur et d'humanité est inconnu à ces barbares : nulles idées, nulles connaissances qui appartiennent à des hommes. S'ils n'avaient pas le don de la parole, ils n'auraient de l'homme que la forme. (...) Point de raisonnement chez les nègres, point d'esprit, point d'aptitude à aucune sorte d'étude abstraite. Une intelligence qui semble au-dessous de celle qu'on a admirée dans l'éléphant est le guide unique de toutes leurs actions ; l'intérêt de leur conservation, de leurs plaisirs est le seul mobile de tous leurs mouvements, lui seul les tient éveillés, lui seul les porte au travail, et leur fera vaincre l'extrême paresse à laquelle ils sont sujets. Livrés à leurs passions comme des brutes, ils ne connaissent que la jouissance. Leur attachement à leurs enfants, à leur famille ne dure qu'autant que dans les bêtes, jusqu'à ce que leurs petits puissent se passer d'eux. La force seule peut les contenir dans le devoir, et la crainte est le seul motif qui les fasse agir ; ils n'ont réellement point de cœur et, par conséquent, le germe des vertus leur manque. La brutalité, la cruauté, l'ingratitude, voilà ce qui forme leur caractère. Leur naturel est pervers, toutes leurs inclinations sont vicieuses. » (Cité par Louis Salas-Molins : le *Code noir ou le calvaire de Canaan*, p. 55-56.)

On dit souvent que tout ce qui est excessif ne compte pas. Malheureusement, ce n'est pas toujours vrai et les textes cités — qui ne sont pas isolés en leur temps — reflètent les idées assez généralement admises alors par les Blancs, forts du *Code noir*, lequel, un siècle et demi durant, leur donnera tous pouvoirs sur leurs esclaves. Déracinés, réduits à la plus extrême misère tant physiologique que morale, contraints à renoncer à leurs croyances, beaucoup d'entre eux (pas tous : en témoignent les révoltes qui se produisent ici et là) se résignent, convaincus de la supériorité de l'homme blanc.

L'abolition de l'esclavage en 1848 n'est pas un coup de baguette magique capable de faire naître sur le champ d'autres rapports entre anciens maîtres et anciens esclaves. D'autant que les anciens maîtres restent très riches et les anciens esclaves très pauvres, que l'émancipation dans les textes doit entrer dans les faits et que le pouvoir reste aux mains des Blancs.

Il faut attendre un siècle encore après l'abolition de l'esclavage (et deux guerres auxquelles les Antillais participeront dans les rangs français) pour que soit mise en application (en 1948) la loi instituant la départementalisation des Antilles, dont le projet avait été déposé par Aimé Césaire, en 1946. Un siècle pour effacer toute trace juridique de la condition passée des Antillais. Il faudra encore du temps pour éradiquer définitivement les séquelles laissées dans leur esprit par la traite, l'esclavage et le racisme plus ou moins larvé dont ils sont encore victimes, la plus grave étant l'image dégradée que beaucoup ont d'eux-mêmes, image reçue à travers le regard des Blancs durant trois siècles. Nous l'avons vérifié dans le refus de l'origine africaine et la revendication d'une origine caribéenne pourtant improbable, compte tenu du petit nombre de survivants des massacres d'Indiens caraïbes, dans l'ambition, dont témoigne le langage, d'être « bien sorti » (pas trop noir), d'avoir la « peau sauvée » (plutôt claire) et les « cheveux sauvés » (pas très crépus).

— C'est vrai que pendant longtemps nous pensions que nous étions tous des Caraïbes. Nous rejetions l'idée même des racines africaines, raconte Marie-Thérèse Rouil. Depuis Aimé Césaire, nous les revendiquons, ces racines. Il nous a rendus à nous-mêmes.

— Oui ! Avec Césaire, nous avons pris conscience de ce que nos ancêtres étaient en Afrique, nous avons fait connaissance avec notre histoire, confirme Guy Divial.

— Aujourd'hui, les gens cherchent davantage leurs racines. Alors ils s'aperçoivent que leurs racines sont en Afrique. Avant, il y avait peu de théâtre, peu de films ; maintenant, il y a des pièces, des films qui parlent de l'histoire de l'esclavage. (Mylène)

— Ma relation à l'Afrique est claire et nette : mes racines sont là-bas. Dans tout Noir, de par le monde entier, il y a une racine africaine. Ça tient au fait qu'un jour un de nos ancêtres a été emmené d'Afrique. Je ne suis jamais allée en Afrique, mais j'en suis sûre. C'est horrible ces gens qui disent : « Non, non, non, je ne suis pas de là-bas ! » C'est sûr que, partis d'Afrique, ils sont arrivés aux Caraïbes, qu'il y a eu mélange et que ça a donné les Antillais d'aujourd'hui, que nous ne sommes plus des Africains mais n'empêche que, un métis de père blanc et de mère noire, il a une touche de chacun, une touche de blanc, une touche de noire et donc une touche d'Afrique. C'est grave... Ces gens ont intégré le mépris que le Blanc avait pour eux. C'est très grave. (Louise Rapha)

Intellectuels, artistes, sportifs, militants syndicaux et politiques sont forts, aujourd'hui, de cette prise de conscience et de cette prise en compte de l'origine africaine ; mais elle n'est pas générale, comme nous avons pu le remarquer.

— Moi, je pense pas qu'on est d'origine africaine. Parce que, avant, les Antilles étaient occupées par les Indiens. (Patrice, CES Garges.)

— Les Africains, ils sont pas comme nous, ils ont pas les mêmes attitudes. Ils vivent pas comme nous, quoi ! Même s'il y en a qui sont gentils... (Christian, CES Garges.)

— J'ai trente-quatre ans, dit Louise Rapha, je n'ai donc pas connu l'esclavage ; ma mère non plus. Mais si on cherche bien, en remontant les générations, c'est sûr qu'on va trouver une arrière-arrière-grand-mère qui a été esclave. Et cette esclave-là, elle venait obligatoirement de l'Afrique ! C'est clair, il ne faut pas esquiver le problème.

— A l'origine c'est la même souche... C'est pas pour les différencier mais nous, la façon dont nos ancêtres ont été traités avec l'esclavage, et ensuite les croisements avec les Blancs, la manière dont on a été élevés, le sentiment de révolte, tout ça, ça a abouti à nous. En plus, avec notre arrivée en métropole, on en est arrivé à un comportement complètement différent. Avec les Noirs américains, on éprouve un sentiment d'affinité. Déjà, ils ont été créés pareils que nous ; on a eu la même histoire. (Édouard, Sarcelles.)

— Un Africain me disait un jour « t'es noire, t'es ma sœur », raconte Maire-Laure. Je lui ai dit : « Je ne suis pas plus ta sœur que la sœur du Blanc. Je sais que j'ai un ancêtre blanc du côté de ma mère, il était du

Portugal. Je sais aussi que j'ai un ancêtre africain qui venait de Guinée. Les Africains types, aux Antilles, ce sont ceux dont les ancêtres venus d'Afrique n'ont jamais été métissés. On peut les reconnaître physiquement. Je disais à cet Africain : « Je suis noire, comme toi, mais j'ai un ancêtre blanc, un ancêtre noir. Nous n'avons pas vécu en Afrique, nous sommes de culture française, vous êtes musulmans alors que nous sommes de religion chrétienne. Je me sens plus proche des Noirs américains. Il ont eu la même histoire que moi. D'accord il ont une autre culture que la nôtre mais ils ont eu la même évolution que nous.

— Ça change quoi qu'on soit d'origine caraïbe ou africaine ? Je connais des gens, quand on leur dit : « T'es d'origine africaine », ils veulent pas l'admettre. Ils disent : « Non, ma mère est née dans les Antilles mais j'ai un ancêtre de métropole. En général, ils préfèrent se rapprocher des Américains. » (Marie-Odile, Sarcelles.)

— Si les Français nous avaient pas pris, eh bien, on serait américains aujourd'hui. Surtout qu'on est dans le continent américain, soupire Jean-Marie, soudain rêveur...

Ce sentiment d'« affinité avec les Noirs américains », beaucoup d'adolescents l'expriment. D'une façon générale, ils ignorent, plus encore que les jeunes métropolitains de leur âge, que la ségrégation raciale était encore pratique courante dans nombre d'États américains il y a seulement vingt-cinq ans ; ils ignorent jusqu'au nom du pasteur Martin Luther King, dirigeant de l'Association pour la promotion des gens de couleur, prix Nobel de la paix en 1964 et néanmoins assassiné en 1968, en raison même de son action.

Lorsque nous évoquons la fascination de certains jeunes Antillais pour le modèle du Noir américain qu'ils imaginent, Louise Rapha dit :

— Il faudrait que ces jeunes voient la vie des Noirs aux États-Unis. Ils s'apercevraient vite que ce n'est pas comme au cinéma ! Dans les films, les chanteurs, les champions, les policiers noirs, c'est la mode maintenant. Dans la vie de tous les jours, c'est pas exactement ça...

## DEUX ITINÉRAIRES

### *L'itinéraire de Mélaine V., d'Orly*

— J'avais sept ans lorsque je suis arrivée en métropole. Je n'ai pas été dépaysée parce que ma marraine était une métropolitaine. J'ai toujours vécu dans un milieu très français. Quand je vais aux Antilles, dès que j'arrive, j'attrape un rhume ! Je ne me sens pas des attaches particulières avec les Antilles ; je ne me vois pas y aller tous les ans ! Quand j'y suis allée, j'étais malheureuse parce que la nourriture... enfin, j'ai pas aimé. Là-bas, j'ai pas eu de contacts avec les gens, à part la famille. Et encore ! Non, je n'achète pas le journal *France Antilles.* J'écoute pas la musique sur les radios antillaises. Quand je mets la radio, non, c'est pas Tropica Sun que je mets, c'est pas qu'ils disent des bêtises mais ils parlent créole. Ils devraient parler de façon à ce que tout le monde comprenne ! En plus, quand ils parlent de la « diaspora noir », je n'aime pas. Déjà ce mot de « diaspora », je me demande d'où ça vient, qu'est-ce que ça veut dire. Bon, je comprends que c'est l'ensemble du peuple noir. Oui, je sais qu'il y a une association antillaise ici, à Orly, mais j'ai jamais été dans leurs réunions. Je crois que je me mets à part, quand même. Souvent d'ailleurs, on me dit que je ne suis pas antillaise. Peut-être parce que je ne parle pas créole. Justement, je ne me considère pas comme antillaise. Quand on demande qui est-ce qui est française-française, je dis « moi ». C'est vrai ça ! Il y en a qui ont une mère d'origine espagnole ou un père d'origine polonaise, tandis que moi je suis complètement française. Aujourd'hui, quelqu'un m'a traitée de « Française importée ». Française importée ! D'un département français quand même ! Si les Antilles devaient être indépendantes, je serais contre ! J'ai pas honte de mes origines mais je me dis, après tout, depuis le temps qu'on est français, c'est pareil que si on faisait partie d'une province de la France. Aussi bien que les Bretons revendiquent d'être bretons, on peut revendiquer d'être antillais, c'est pas pour ça qu'il faut nous mettre à part. Je n'aime pas qu'on me compare aux Africains. Même ma petite nièce, dans le train, elle a vu un Africain ; eh bien, elle a fait une mine dégoûtée et elle a dit : « Maman, on change de place. » L'histoire des Antilles ? Je m'y intéresse plus ou moins. Bon on sait bien que les Antilles ça vient beaucoup des esclaves et des colons. On vient des Africains, bien sûr, mais j'ai d'autres origines. Ma grand-mère est une pure Indienne, pas caraïbe, mais indienne quand même. Et puis, aux Antilles, il y a eu des Portugais, des Espagnols, des Français, des Belges, de tout. Des Anglais aussi. Je veux dire que je suis peut-être de tout. C'est la couleur qui dit que j'ai aussi des origines africaines, mais je suis pas tellement colorée.

## *L'itinéraire de Marie-Thérèse Rouil*

— Je suis née à Paris à la maternité de l'hôpital de la Pitié. Ma mère était institutrice dans le XIII^e arrondissement pendant que mon père, encore étudiant, était à l'École coloniale d'administrateurs. J'avais un an lorsqu'il a été nommé élève-administrateur à Brazzaville, au Congo. Plus tard, il a été affecté au Gabon où il est resté vingt-quatre ans. A l'époque, on n'emmenait pas les très jeunes enfants en Afrique, alors ma mère m'a confiée à ses sœurs, en Martinique, avant de rejoindre mon père à Brazzaville. Mes parents m'ont reprise quand j'avais quatre ans et, pendant six ans, j'ai fait la navette avec eux entre l'Afrique et les Antilles au rythme de leurs congés. L'été de mes dix ans, c'était la guerre... Mes parents ont dû rejoindre leurs postes à Libreville. Mon père y était administrateur et ma mère professeur à l'École normale. J'ai donc fait mes études secondaires au lycée de Fort-de-France et, pendant six années, je n'ai eu aucune nouvelle de mes parents puisque Libreville avait opté pour le général de Gaulle tandis que nous, à la Martinique, nous subissions le régime de Pétain avec l'amiral Robert qui a sévi tout ce temps-là.

Cela explique que j'ai en moi, à la fois, l'amour de l'Afrique où j'ai passé mon enfance et l'amour des Antilles où s'est déroulée mon adolescence en temps de guerre. Je me sens française sans réserve et sans panache, tout naturellement. J'ai vécu quelque temps en Belgique, je m'y sentais française jusque dans la défense de l'équipe française dans les matches de football ! Pendant la guerre, surtout, à la Martinique, je me sentais française. Je me répétais : « Je ne veux pas devenir allemande. » Dans ma famille on était résistants, mon parrain et d'autres jeunes gens ont rejoint la Dominique, une île située entre la Guadeloupe et la Martinique, qui était possession anglaise, pour se mettre à la disposition de de Gaulle, à Londres.

A franchement parler, au début, je n'ai pas réalisé qu'une partie de moi-même était reliée à l'Afrique. En lisant Césaire d'abord, quand j'étais en classe terminale, en lisant *Cahier d'un retour au pays natal* notamment, j'en ai pris conscience. C'est lui qui m'a fait prendre conscience de cela. Dire que ça ne m'a pas fait un choc, ce serait mentir. Et puis, j'ai commencé à me dire :

« C'est pourtant vrai ; regarde-toi, mets-toi face à ton miroir et regarde-toi. C'est évident qu'une part de toi vient d'Afrique ! » Il faut dire qu'aux Antilles, de mon temps, on avait coutume de dire que nous étions descendants des Caraïbes. Et moi, comme tout le monde, je me disais que je descendais des Caraïbes. Et comme mon grand-père paternel était fils de Bretons, qu'il était blanc avec des yeux gris, je ne voyais pas plus loin. Je ne voyais même pas que ma grand-mère était noire, vraiment ! C'est la lecture de Césaire qui m'a ouvert les yeux. Je me suis toujours battue, depuis, pour que, autour de moi, on reconnaisse que ces hommes et ces femmes arrachés à l'Afrique sont aussi nos ancêtres.

Beaucoup plus tard, quand je suis allée au Sénégal, et plus exactement à Gorée, quand j'ai vu cette île, quand j'ai vu cette baie qui est restée telle qu'elle était, je me suis dit : « Fatalement, un des miens a été amené là, un des miens a été jeté dans un bateau et a traversé l'Atlantique. » Encore maintenant, quand j'y pense, j'ai des frissons.

Et aujourd'hui, avec mon arrière-grand-père breton, mon arrière grand-mère maternelle caribéenne aux cheveux raides, mon arrière-grand-mère paternelle, grande et belle femme très noire probablement originaire du Dahomey, je suis un cocktail franco-caraïbo-africain : je suis une Antillaise...

Le refus de l'origine africaine ressentie comme une infériorité se complique pour certains, relativement nombreux, d'une volonté inavouée de gommer l'esclavage des ancêtres considéré comme une marque infamante.

— Il y a l'humiliation d'avoir des ancêtres qui ont été esclaves, remarque Patrice au CES de Garges. C'est dur à porter, alors on essaye de rejeter cette image, d'être autrement que ce qu'on est. J'ai un copain, s'il lit quelque chose de pas bien sur des Antillais, il dit : « Moi, je veux pas être antillais, je veux me faire français. »

— Chez nous, aujourd'hui encore, explique Marie-Thérèse Rouil, on refuse l'esclavage. On nous dit : « C'est fini maintenant, faut plus parler de l'esclavage, c'est terminé... » Non, ce n'est pas terminé et il faut en parler pour qu'un jour ce soit réellement terminé. L'esclavage a imprimé sa marque sur les Antillais. Il est à l'origine de toutes nos réactions actuelles. Nous sommes inhibés, complexés à cause de ça. Une ambition de respectabilité petite-bourgeoise conduit trop d'Antillais à nier l'esclavage des origines.

N'est-il pas curieux, pour le moins, que la honte de l'esclavage retombe non pas sur les esclavagistes, mais sur les esclaves et sur leurs descendants ? Comment ne pas mettre en cause l'enseignement de l'histoire tel qu'il a été dispensé aux Antilles, certes, mais aussi en métropole ?

— Le malheur, c'est que les gens connaissent tellement mal leur propre histoire, regrette Jocelayne. On leur a si fortement inculqué que le Blanc leur était, par nature, supérieur qu'ils ont fini par le croire. C'est vrai qu'aujourd'hui moi je ne suis pas africaine. Je suis un composé de plusieurs continents. C'est pas une raison pour oublier les origines.

— A l'école, on ne nous a pas parlé de l'histoire des Antilles, se souvient Josette, vingt-cinq ans environ. J'ai lu l'histoire des Antilles en terminale parce que j'allais dans une école privée où Édouard Glissant * était professeur et qu'il nous l'enseignait. Connaître l'histoire, pouvoir situer les responsabilités, ça permet de comprendre et d'être bien avec soi-même.

— Quand j'étais enfant, il n'était pas question de l'esclavage à l'école, indique Marie-Thérèse Rouil. J'ai appris que mes ancêtres les Gaulois avaient les cheveux blonds filasses, les yeux bleus et que les druides coupaient le gui. J'espère que ça a changé ! Je pense que toi, Patricia, tu as appris l'histoire autrement ?

— Pas du tout ! Quand j'ai quitté la Martinique, c'était aussi « nos ancêtres les Gaulois... » confirme Patricia. Maintenant, ça change, je crois...

— Bien sûr que j'ai appris « nos ancêtres les Gaulois », répond elle aussi Louise Rapha quand on l'interroge sur ce point.

— Pourtant, il ne faut pas remonter tellement loin dans l'histoire pour se trouver des ancêtres esclaves. Au tout début du siècle, il y avait encore des gens vivants qui étaient nés dans l'esclavage. (Christelle, Saint-Christophe.)

— Les gens se fondent sur le présent, j'en connais, ils disent : si j'ai la peau plus claire que la tienne, c'est parce que mes ancêtres n'ont pas été esclaves. C'est pas la peine de discuter, ils sont sourds et aveugles ! (Bruno, CES Paris XIX$^{e}$.)

L'opinion publique a été si bien façonnée au cours des siècles que l'antagonisme Antillais/Africains a, dans une certaine mesure, pris le pas sur l'antagonisme esclaves/maîtres d'esclaves. Les Africains mépriseraient les Antillais parce qu'ils ont été esclaves tandis que les Antillais leur reprocheraient de les avoir laissé vendre !

— Il y a rivalité entre les Antillais et les Africains, ici, dit Mylène. Cette terre africaine, j'avais voulu la connaître mais je ne garde pas un bon souvenir de ce séjour. Dès que j'ouvrais la bouche, on entendait bien que je n'étais pas africaine et on avait une attitude désagréable envers moi. Un Africain, au cours d'une conversation, m'a dit que j'étais descendante d'esclaves. Je lui ai dit : « Oui, je suis descendante d'esclaves mais c'est parce que tes ancêtres ont vendu les miens. Ils ont vendu leurs frères. C'était vil, c'était lâche ! » Nous ne sommes pas coupables quand même ! J'ai surmonté tout ça quand j'ai lu *Les damnés de la terre* de Franz Fanon*. Et j'ai lu Che Guevara*... J'ai fait ma petite révolution... C'est comme ça que je me suis acceptée pour ce que je suis : une Antillaise. De temps en temps, je tombe sur quelqu'un qui me fait remarquer la couleur de ma peau. Alors je me dis : c'est une évidence ! Qu'est-ce qu'il est en train de me raconter ? Certains Antillais se comportent comme si les Antilles avaient été une génération spontanée. On est là depuis trois siècles et il faut savoir pourquoi. Ça les dérange qu'on leur parle du passé. Mais s'ils connaissaient leur histoire... Si, dans l'enseignement, on avait mis en valeur les Noirs qui se sont battus pour leur liberté... Ils seraient fiers s'ils savaient...

L'expression « fils d'esclave » maniée comme injure n'est absolument pas une exclusivité africaine, tant s'en faut ! En collège, tant à Paris qu'en banlieue, des jeunes métropolitains ne se privent pas de l'employer ! En serait-il ainsi si l'abolition de l'esclavage était officiellement et solennellement célébrée comme l'a décidé le gouvernement en 1982 ? Il n'est sans doute pas inutile de rappeler qu'une circulaire du ministre de l'Éducation nationale, en date du 30 juin 1983, demande que l'abolition de l'esclavage soit commémorée chaque année dans les établissements scolaires ! Or, dans aucun collège visité il n'en a été fait mention !

# Mais oui, le Créole est une langue !

Vivre et travailler en métropole a fait naître chez les originaires des Antilles de nouvelles habitudes, de nouvelles attitudes, de nouveaux comportements sans que cela implique pour autant le renoncement à tel ou tel particularisme, auquel ils sont les uns et les autres attachés. Pour certains, c'est le créole, parole longtemps confisquée, libérée par le succès des groupes musicaux qui l'ont fait entendre à travers le monde, pour d'autres c'est la religion très diversement vécue, de la foi la plus orthodoxe à la croyance la plus confiante en un univers de magie. Pour beaucoup, c'est la vie associative, nécessaire pour se retrouver ensemble, garder les liens avec le pays, son folklore et sa culture.

— J'ai conscience d'avoir été privilégiée, dit Marie-Thérèse Rouil. Je n'ai pas eu à me battre pour m'imposer, comme tant de mes compatriotes actuellement. Quand je suis venue pour étudier à l'École normale de musique, j'ai essayé de transporter un peu de chez moi, un peu de mon pays. J'ai transporté des disques, des disques antillais. J'en faisais venir de la Martinique et, chez moi, je les écoutais. Quand j'avais froid, quand la solitude me pesait trop, je faisais un feu d'enfer, je mettais un disque antillais, une belle biguine de préférence, et je dansais toute seule. Ça allait tout de suite mieux ! Dans les années cinquante, il y avait encore peu de manifestations antillaises à Paris, alors je me jetais littéralement sur tout ce qui se présentait. Dès qu'un livre d'un écrivain antillais paraissait, je me précipitais pour l'acheter. Et aussi, j'ai renoué avec le créole que je parlais d'ailleurs très peu en Martinique. J'ai commencé à parler créole à mon fils quand il était tout petit. Je l'ai bercé et grondé en créole. J'avais l'impression que ça agissait sur lui comme un fluide. Aujourd'hui, il ne parle pas le créole mais il le comprend.

En fait, en dépit de tout ce qui a été fait pour la faire disparaître, la langue créole, dérivée du français du XVIIe siècle et enrichie d'apports africains, indiens et caraïbes, est restée vivante. Dans certains villages on rencontre encore des gens qui, n'ayant pas été scolarisés, ne parlent que créole. La langue maternelle, dans les milieux populaires surtout, c'est le créole. Les enfants, à leur naissance, entendent parler et chanter en créole ; le français, ils l'apprennent à l'école. Pourtant, la langue créole a été objet de mépris de la part de la société dominante qui l'a rabaissée au rang de patois. Elle a si bien fait que ce préjugé défavorable a gagné nombre d'Antillais de couleur. Peu à peu cependant, intellectuels, artistes et militants ont imposé une autre approche du créole qui a été reconnu langue régionale en 1982. Il reste que le passé a laissé des traces :

— Dans ma famille, c'est vrai qu'on a toujours été un peu brimé pour le créole, explique Évelyne. Ça ne se faisait pas, ce n'était pas « bien » ! Mon père, qui était agriculteur, avait, pour ses enfants, des ambitions démesurées, sans rapport avec nos possibilités. Il nous voyait tous médecins, avocats, dans des professions comme ça... Mon mari et moi, nous nous parlons toujours en créole et, quand je suis fâchée, c'est toujours en créole que je m'exprime.

— Chez moi, on ne parlait pas créole. On m'interdisait de parler créole. Je parlais créole avec les bonnes qui étaient à la maison parce que j'adorais ça, mais c'était interdit. Cela me révoltait, se souvient Marie-Thérèse Rouil.

Et Patricia confirme :

— Jusqu'à maintenant, je ne peux pas parler créole. Même si je le voulais, je ne pourrais pas parler créole à mes parents. Parce que cela m'était interdit. Parler créole à ses parents, c'était leur manquer de respect. C'était mal élevé.

— C'était une marque de vulgarité ! renchérit Marie-Thérèse Rouil.

— C'était en effet jugé comme une marque de vulgarité, enchaîne Guy Divial. Je parle créole aujourd'hui parce que j'ai pris conscience de mon identité et de la nécessité de la sauvegarder. J'ai appris à parler créole pendant mon service militaire. Bien sûr, j'ai toujours plus de facilité à parler français, surtout aux gens de mon âge ; je m'exprime plus souvent en français qu'en créole mais je me dis que je ne dois pas oublier ma langue. C'est un plus...

— C'est vrai, acquiesce Patricia, mais je ne pourrais pas parler créole à ma fille. Ça fera comme moi avec mes parents. Je ne lui parle jamais en créole mais, curieusement, cela me vient quand elle me met en colère.

— Non seulement la colonisation française a imposé ses lois mais elle s'est aussi imposée comme unique modèle en tout, reprend Marie-Thérèse Rouil. Parler créole était ressenti comme dévalorisant ; parler français, parler la langue du maître, la langue des

Blancs, c'était une manière de sortir de sa condition d'esclave. Et aujourd'hui, cette aliénation-là n'est pas entièrement terminée.

— Et pourtant, remarque Guy Divial, si on y regarde bien, ce créole que nos parents n'ont pas su apprécier, c'est une langue très poétique, c'est une langue très prosée, très riche. L'assimilation forcée a empêché qu'il soit reconnu comme une langue. Il n'y a pas si longtemps, le pouvoir central refusait que le créole soit enseigné à l'école. Mais il refait surface, plus vivant que jamais. Le créole est devenu l'objet de recherches en linguistique. Nous avons maintenant un dictionnaire franco-créole. Mais n'est-ce pas trop tard ?

Comme une réponse à l'interrogation de Guy Divial, aux Ulysses, Mélaine, élève dans un CES de Garges, dit, en accompagnant d'une grimace significative :

— Le créole, moi je n'ai pas envie de le parler. Ma mère parle créole et français mais elle parle créole seulement quand elle est en colère.

— Ici, précise une de ses camarades, on parle français, on ne parle jamais créole mais, là-bas, le créole est constamment parlé, c'est la langue usuelle, le créole c'est la langue familière.

— Eh bien moi, intervient Sébastien, je suis drôlement content de comprendre le créole même si je ne le parle pas bien. Au moins, je sais ce qu'elles disent les chansons des Kassav' ou des Zouk Machine. Et j'aime...

Il n'est pas le seul à aimer ! L'énorme succès de la musique zouk en métropole même, où musiciens, chanteurs et chanteuses antillais reçoivent un accueil délirant, en témoigne.

# DEUX CONTES POPULAIRES CRÉOLES

*Collectés par Germaine Nérome*
*Traduits en français par Pierre Lacroix*

## La tortue qui voulait monter au ciel

Krik ! Krak !

La cour dort ?

Si la cour ne dort pas... je vais raconter l'histoire d'une tortue.

Vous connaissez déjà bien des choses sur les tortues mais savez-vous pourquoi leur carapace est toute rapiécée?

É Krik ! É Krak !

Vous savez comme Dieu est bon. Il connaît toutes les espèces d'arbres, toutes les races d'animaux qui sont sur terre, et il les aime tous, comme ses enfants.

Un jour, le Bon Dieu a décidé de faire une grande fête dans son ciel pour toutes les bêtes ailées. « Comme ça, elles pourront voir où j'habite », se dit-il.

Mes amis, que Dieu est bon !

Éé Krik ! Éé Krak !

Les animaux ailés de répandre la nouvelle... Ils sont contents, ils apprécient vraiment l'initiative du Bon Dieu. On entend le merle jacasser, le pigeon roucouler ; la chauve-souris et le moineau jouent à se poursuivre ; l'aigle plane. On croirait que la fête a déjà commencé.

Pendant ce temps, les animaux à quatre pattes bougonnent : ils n'ont pas d'ailes ! Les ailes ne leur pousseront pas ! Ils ouvrent de grands yeux sur ce qui se passe.

Tous les oiseaux se parent. Même la poule secoue ses plumes. Tous se font beaux pour aller voir le Bon Dieu. La tortue, elle, imagine toutes les bonnes choses que les oiseaux vont manger. Il y aura de la viande, du poisson, du gâteau... Comment faire pour y aller ? Tous commencent à s'agiter. La tortue aborde le pipirit ; elle aborde le kyo ; mais ceux-ci ne daignent pas même l'écouter. Elle tente de flatter l'oiseau-mouche mais l'oiseau-mouche la repousse.

Ééé Krik ! Ééé Krak !

La tortue est une bête fort entêtée. A force de courir à droite, à gauche, elle arrive au bord de la rivière. Là, deux canards se lavent. La tortue leur adresse des paroles flatteuses : « Oh la la ! que vous êtes forts ! Vous êtes les champions du plongeon ! » Les canards se rengorgent, ils font les beaux, comme des paons ! Et la tortue d'applaudir...

Éééé Krik ! Éééé Krak !

Les canards se sèchent au soleil et, au fil des compliments de la tortue, deviennent ses amis. Bientôt, la tortue fait allusion à la fête du Bon Dieu : « Ah que vous avez de la chance ! Moi aussi j'aime le Bon Dieu mais je n'ai pas d'ailes ! »

Alors les canards se montrent grands : « Mais ce n'est rien ! Nous allons arranger ça ! Prépare-toi ! »

La tortue toute contente se cache pour faire sa toilette : il ne faut pas que les autres animaux à quatre pattes sachent. Il faut qu'elle soit la seule à monter au ciel avec les oiseaux...

Le jour tant attendu arrive enfin ! Les voyageurs vont partir du grand pont qui enjambe la rivière. Tout autour, les animaux sont venus assister à l'envol. Le chat et le rat se sont installés dans le même arbre pour ne rien perdre du spectacle. Et voici les animaux qui avancent comme à la procession. Soudain, le bœuf meugle, l'âne braie, le cheval remue les oreilles, le chien court comme un fou. Qu'ont-ils donc vu ? Eh bien, ils ont vu la tortue qui avance, encadrée par deux canards ! Tous les animaux s'esclaffent : « La tortue se prend pour une bête à ailes ! » La tortue ne bronche pas... L'aigle a envoyé le kyo en tête de la procession. Les moustiques, les abeilles, les libellules, tous suivent.

Ééééé Krik ! Ééééé Krak !

Et voici que passent les canards... Ils ont posé solidement un bâton en travers de leurs épaules. La tortue a saisi le bâton dans son bec. A grands coups d'ailes, voilà les canards partis ! Et le bœuf de dire, songeur : « Vraiment, la tortue est maligne ! Si seulement j'avais pensé à ça ! » Et le chien de répondre « oh ! oh ! oh ! » pendant que la chèvre s'exclame « hé bé ! hé bé ! hé bé! »

Évidemment, la tortue veut tout voir, tout entendre, tout dominer. Elle se tortille, se meurt de rire, au point d'en oublier de tenir le bâton ! Plus de bâton ! Vous imaginez la suite... Elle a beau battre de ses pattes, la tortue tombe, tombe, tombe... et finit par s'écraser sur un rocher. Et sa carapace éclate en mille morceaux.

Mais le Bon Dieu l'aime, malgré tout. Alors il passe la main... Et c'est depuis ce jour-là que le dos des tortues est tout rapiécé.

## La tortue qui voulait monter au ciel

Krik ! Krak !

La cour dort ?

Si la cour ne dort pas… mwen kay rakonté zot istwa a mòlòkoï ! Zot ja konnêt on lo anlè do a mòlòkoï ? Mé ès zòt sav pouki zékal a'i pyesté ?

É Krik ! É Krak !

Zòt sav jan Bondyé bon. I konnèt tout kalté pyébwa, tout ras zannimo ki asi là tè. I enmé tout pitit a'i. O

On jou Bondyé désidé fè on gran fèt an syel a'i pou tout zannimo ki ni zèl : « Kon sa yo ké pé vwè la mwen ka rété.» Mézanmi, fout Bondyé bon !

Éé Krik ! Éé Krak !

Tout bèt a zèl bay la vwa, yo kontan, yo dakò épi Bondyé menm. Tann mèl jakasé, pijon roukoulé… Gembo et sisi ka jwé zwèl ; malfini ka planné ; ou té ké di fèt la ja koumansé.

Pannansitan bèt a katpat ka bougonné : Yo pa ni zèl, é zèl, é zèl pa ka pousé… Men yo ni zié pou véyé !

Tout zozio ka paré kò yo ; jis poul ka soukwé plimaj a'i. Yo ka fé yo bèl pou ay vwé Bondyé.

Mòlòkoï li ka sonjé tout bon biten bèt a zèl kay manjé : ké ni viann, ké ni poison, ké ni pendou… Ki jan i ké fè alé ? I koumansé poté mannèv : bòdé pipirit, bòdé kyo… yo pa menm kouté'i. Dousiné foufou, foufou voyé'i ponmlé.

Ééé Krik ! Éééé Krak !

Môlòkoï sé bêt antété. Afôs roulé i rivé bò on rivyè. Dé kanna téka lavé kò yo. Mòlòkoï voyé bèl pawôl : « Roi, roi… fout zòt fò, zôt mêt an plonjé la ! » Kanna santi kou a yo lonji. Yo ka karé kon kodenn ! Môlòkoï ka bat men !

Éééé Krik ! Éééé Krak !

Lè sé kanna la vinn séché an sòley, a fòs milan mòlòkoï ba yo, yo vinn zanmi. Mòlòkoï voyé an ti pawòl asi fèt a Bondyé...' A, zòt chansé... Mwen enmé Bondyé anlo, men an pani zèl...' Kanna fè majò : 'a pa ayen, nou ké ranjé sa ba'w. Fè twalèt a'w'. Mòlòkoï kontan. I séré kò'i pou twalété : fò pa dòt bèt akatpat vwé'i ; fò'i monté tou sèl êvê bêt a zèl !

Joula rivé. Yo pou pati asi on gran pon ki ka janbé rivyèla. Toutalantou zannimo kouri vini vwè sa : chat é rat monté an menm pyébwa pou yo pa pèd ayen. Bètazèl koumansé rivé kon laposésyon. É-é, mi bèf ka hélé, boukèt hanni, chouval bat zorèy, chyen kouri fou...

Ka yo vwé ? mòlòkoï ka bòdé, an kanna chak koté ! Zannimo koumansé ri : « mòlòkoï konprann i ni zèl ! »

A pa zafè a mòlòkoï.

Malfini voyé kò'i prèmyé douvan ; marengwen, mouchamyel, zingzing... yo tout suiv.

Ééééé Krik ! Ééééé Krak !

Mi tou a kanna rivé. Yo koré an baton asi zépòl a yo, mòlòkoï kembé batonla an gèl a'i... Wap, Wap, Wap... Yo chapé. Bèf rété, i di : ' fout mòlòkoï savan. Si an té sonjé sa... 'Chyen réponn : 'awa, awa.' Kabrit voyé : 'ebéé, 'ebéé...' Mòlòkoï li vlé kouté, i vlé twazé, i ka tòd, i ka mò ri... I oblyé kenbé, baton chapé !

Zôt ka imajiné lasuit : tout bat lè i bat lè, mòlòkoï tonbé, tonbé blip anlè an gwo ròch, zékal a'i fè myèt.

Men Bondyé ki té enmé'i kanmenm mété lamen : sé dépi jou la sa do a mòlòkoï pyèsté.

## Une histoire de Compère Lapin et de Compère Tigre

Éééé Krik ! Éééé Krak !

Il était une fois un Béké propriétaire d'une grande plantation. Sur l'une de ses terres, il y avait une source. L'eau en était si claire que pas même un moustique n'aurait osé la troubler. Tous les soirs, c'était une procession d'enfants et de femmes qui allaient chercher de l'eau, leurs calebasses posées sur la tête. Même les gens du bourg venaient chercher de cette eau. Lorsque le vent soufflait, il tirait une belle musique des calebasses. On aurait dit qu'un animal invisible chantait. Au moment du carême, la procession prenait encore plus d'ampleur. Tous les animaux venaient boire à cette source.

C'était trop beau pour durer. Toujours, il y a des jaloux.

Ééé Krik ! Ééééé Krak !

Les jaloux sont un peuple maudit ! Les jaloux sont toujours tristes, ils ne savent que bougonner ; ils sont toujours prêts à mordre. Comme l'anoli, les jaloux sont toujours disposés à se battre ; ils se gonflent d'importance, voudraient qu'on les flatte ; ils roulent des yeux mauvais, toisent les autres, les surveillent comme la mangouste surveille le chien. Les jaloux ne sont jamais contents de rien ; tout ce qu'ils voient chez les autres, ils voudraient le posséder.

Krik ! Krak !

Un jour, le Béké était assis devant sa porte ; il prenait le frais en fumant un cigare. Il aperçut des gens près de la source, leurs calebasses posées à terre, qui parlaient, parlaient... Il appela son domestique :

— Koyak ! Koyak ! Mon fils, viens ici ! Que vois-tu près de la source ?

— Maître, je vois des gens serrés les uns contre les autres comme un banc de poissons. Ils parlent, ils pépient comme un vol d'oiseaux fascinés par un serpent.

— Eh bien mon fils, reste à surveiller la maison, je vais aller voir ce qui se passe. Appelle Ti-Sonson, fais seller Coquette et amène-la ici.

Monsieur monte à cheval et blakata... blakata... blakata... En un instant, il arrive près de la source. Qu'est-ce qu'il voit ? Les calebasses sont vides et les gens regardent un paquet-caca au bord de la source ! Et les nègres ont peur du caca...

Ééé Krik ! Éééé Krak !

Ce Béké a bon cœur. Il appelle deux coulis, leur fait cueillir des feuilles de bananier et leur commande de nettoyer les abords de la source. Quand ils eurent fini, chacun put remplir sa calebasse et repartir.

Le lendemain, ce fut la même histoire et tout au long de la semaine encore. Personne ne comprenait ce qui se passait. Même le Béké ne savait plus quoi faire.

— C'est vraiment trop fort ! Il faut que j'arrive à attraper celui qui vient baisser culotte tous les soirs près de ma source !

Un jour, avant que le piripirit chante, que le coq lance son cocorico, le Béké s'en va saigner tous les arbres-à-pain de sa propriété. Avec la glu qu'il récolte, il fait un grand bonhomme auquel il accroche deux gros yeux rouge vif comme le piment. Il l'installe au bord de la source et met dans sa main une assiette contenant des morceaux de morue en marinade.

Avant que le jour se lève, avant même qu'hommes et bêtes se soient montrés, Compère Lapin arrive pour se débarbouiller. Vous avez déjà deviné : c'est lui qui fait les malpropretés ! De cela, le lapin s'en fiche ! C'est une bête qui ne boit pas d'eau. Seulement, il est jaloux de voir les autres profiter de cette source.

Ééé krik ! Éééé Krak !

La première chose que voit Compère Lapin en arrivant, c'est ce bougre qui tient une assiette pleine de morue marinée ! Il fait semblant de ne pas s'y intéresser et fait sa toilette. Quand il a fini, il cherche des paroles douces et aimables pour amadouer le bonhomme.

— Tu es bien matinal aujourd'hui ! Tiens, mais qu'est-ce que je vois dans ta main ? Mon Dieu, on dirait une marinade de morue ! Qu'est-ce qu'elle sent bon ! Tu n'as sûrement pas oublié d'y mettre un bon piment ! En vérité, si tu m'en offrais un ou deux morceaux, je ne dirais pas « non, merci ! »

Le bonhomme ne répond pas. Compère Lapin commence à trouver cela étrange.

— Voyez donc ce bonhomme qui me regarde de ses gros yeux rouges, qui ne me répond pas, qui n'ouvre pas la bouche ! Tu es sourd, tonnerre, ou bien tu es fou ? Tu ne me réponds pas ?

Compère Lapin avance un peu plus près, la main levée, prêt à envoyer une claque au bonhomme.

— Tu réponds, oui ou non ? Eh bien, voilà !

La claque est partie mais la main reste prise ! Et Compère Lapin se met à crier :

— Lâche-moi, idiot ! Ça ne va pas ? Et quoi encore ?

De l'autre main, une autre claque part. Et la main reste prise aussi. Compère Lapin est en colère, il lance des coups de pied et ses deux pieds restent pris. Il étouffe. Il donne un coup de tête et sa tête reste prise. Il devient fou, il ne sait plus que faire. Il prend sa respiration et, de toutes ses forces, pousse son ventre en avant. Et son ventre reste pris !

Compère Lapin sent que ses affaires tournent mal. Il commence à avoir peur, il tremble comme une feuille d'arbre, comprenant qu'il est tombé dans un piège.

Pendant ce temps, le Béké, caché derrière un buisson, a observé Compère Lapin. Quand il voit que celui-ci est bien pris de partout, il se rapproche de lui :

— Ah c'est toi, petit maudit, qui salis l'eau ! Tu ne bois pas mais tu es jaloux de voir que les autres boivent. Attends un peu !

Il attrape Compère Lapin, le tire vers un arbre, prend une grosse corde et l'attache bien serré.
— Tu seras puni par où tu as péché. Tout ce que je peux te dire, c'est de serrer les fesses car je vais à la maison chercher un fer chaud.

Compère Lapin qui n'est pas bête a compris que son affaire devient brûlante. Il se met à crier :

— Aïe ! Aïe ! Je ne le ferai plus ! Je ne le ferai plus !

Un tigre qui passe par là l'entend et s'approche :

— Qu'as-tu, mon frère, à crier comme ça ?

— Ce que j'ai ? Tu ne le vois pas ? Je passais auprès du champ de choux du Béké ; j'avais faim, alors je suis entré dans le champ ; mais le Béké avait posé un piège et j'ai été pris. Quand il est venu, le Béké a dit : « C'est toi qui manges mes choux ? » J'ai répondu : « Non, ce n'est pas moi. Je ne faisais que passer et ma tête est restée prise. » « Ah, tu ne faisais que passer », a-t-il dit. Viens ici que je t'attache. Pour te punir, je vais chercher le plus gros veau de mon troupeau. Si tu ne le manges pas tout entier sans laisser un os, gare à toi ! » Or, tu le sais, camarade, ce sont les herbes que je mange. Comment ferais-je pour manger un veau tout entier ?

Et le lapin de pleurer : « Aïe, Aïe ! »

Le tigre se tord de rire !

— Et tu pleures pour si peu ? Ce n'est rien ! Si tu veux, je te détache, tu m'attaches à ta place et, après, nous verrons bien...

Compère Tigre détache Compère Lapin et, de lui-même, présente ses pattes de devant de façon à être bien serré contre l'arbre. Le lapin le ficelle comme un crabe et, ayant fini, rit à son tour — kya kya kya ! — et dit au tigre : « Compère Tigre, tout ce que je peux te dire, c'est de bien serrer ta queue. »
Puis il file à travers les buissons.

Quand le Béké revient, armé de son fer rouge, il voit le tigre à la place du lapin et reste saisi.
— Mais que fais-tu là, malheureux ?

Compère Tigre lui raconte ce que Lapin a fait. Alors le Béké lui dit :

— Tant pis pour toi ! Tu as péché par gourmandise, tu as pris la place de Compère Lapin, tu auras ce qui lui revient.

Et il passe le fer rouge sur la queue de Compère Tigre...

Vous l'avez deviné, Compère Tigre tombe mort : sa voracité l'a perdu.

Moi-même, je tiens cette histoire de Compère Lapin lui-même. Et je suis venu vous la raconter.

Eéééé Krik ! Eéééé Krak !

## Une histoire de Compère Lapin et de Compère Tigre

Éééé Krik... Ééééé Krak !

Téni on fwa on béké ki téka rété asi on bitasyion, on koté i téni on ti sous klé... Ti dlo la té tèlman bèl ! Pa téni on sèl marengwen anlè'i.

Tou léswa sété on sèl laposéion : timoun é madanm tékay chèché dlo, kalbas a yo asi tèt a yo. Jis moun obou qui téka vinn chèché dlo. Lè van téka vanté i téka fè on bel mizik adan sé kalbas la : ou té'é di kèk zannimo invizib ki téka wouklé. An tan karenm la posesion té pli bèl ankò : tout bèt téka vinn bwè adan ti sous la...

Sa té tro bèl pou sa kontinié : toujou ni moun jalou.

Ééé Krik... Éééé Krak !

Jalou sé nasion ki modi, jalou toujou tris, jalou ka bougonné, toujou paré pou modé. Jalou ka gonflé bajol kon zandoli ki vlé goumé ; gèl a jalou toujou épé ; jalou toujou vlé yo flaté'i ; jalou ka roulé zié, ka twazé, ka véyé kon mangous ka véyé chien. Jalou pa jan kontan ayen : tou sa jalou vwé, i vlé'i.

Krik ! Krak !

On jou béké la té sizé douvan pot a'i ka pran on ti fréchè é ka fimé ti siga a'i, i vwè on lo moun koté ti sous la, tout kalbas pozé atè, sé moun la ka palé, ka palé...

Béké la krié boug a'i :

« Koyat ! Koyat ! mon fils viens ici. Que vois-tu près de la source ?

— Mèt, an ka vwè moun kon pisyèt ora sous la. Yo ka palé, yo ka palé kon tizozio ki vwè on sèpan.

— Eh bien mon fils reste ici surveiller la maison, je

vais aller voir ce qui se passe… Appelle Ti-Sonson, fais seller Coquette et amène-la ici.

Musieu monté anlè chouval a'i, blakata, blakata, blakata… Dan on ti moman i rivé obò sous la. Ka i ka vwé ? Tout sé moun la, kalbas ayo vid, ka gadé on paké kaka ki obò sous la ! E nèg pè kaka !

Ééé Krik… Éééé Krak !

Béké la téni bonkè. I krié dé kouli, fè yo pran dé koui èvè dé fèy bannan pou yo nétoyé sous la. Lè yo finn, tout moun rampli kalbas a yo évè yo pati. Lèlandemen sété menm biten la é toulong on simenn kon sa… Ponmoun paka konprann ayen adan sa ! béké la menm paté sav sa pou i té fè. I di « sa tro fò ! Fò mwen kenbé tala ki ka vinn bésé pantalon a'i touléswè adan sous la »

On jou, avan pipirit chanté, avan kok voyé kokioko, béké alé sengné tout pié fwiyapen a bitasion a'i, i fè on gran « bonhomme » avè lagli a sé piébwa la, i mété dé gwo zié rouj kon piman ba boug la é ; mété'i sizé bò sous la avè on zasièt marinad a mori an men a'i. Jou pòkò té ouvè, avan pon moun ni bèt rivé, konpè lapen ja la o pipirit, pou i débarbouyé. Zo ja konprann, diviné sé li menm ki ka fè sé malpwopté la… Tout jan, lapen bien fouben, sé on bèt ki paka bwè dlo ; sèlman i té jalou vwè lézot téka profité.

Ééé krik… Éééé krak !

Rivé konpè rivé, prèmié bitin i vwè sé boug avè zasièt marinad la an men a'i. I pa okipé'i, i fè twalèt a'i. Lè i fini, i koumansé pasé siwo an bouch a'i, chèché an ti kanmo pou vwè si boug la ka bay dé marinad…

« Bonjou kamarad ! Ou abonnè jodi la ! A a, mé ka an ka vwè an men a'w ? Padonbondyé ou sé'é di marinad a mori ! Fout yo ka santi bon ! Apa'w ki oblié mété on bon piman adan ! Apa pou di mé si ou téka ban mwen dé an pa téké di'w nonmèsi... »

Bonhomme paka réponn. Lapen koumansé touvé sa rèd.

« Gadé boug la gadé mwen avè dé gro zié rouj a'i ! I pa ka réponn, i paka ouvè gèl a'i ! Ou soud, sakrétonnè oubien ou toctoc ? A ! ou paka réponn ?

Konpè lapen vancé tibwen pli pré, men a'i lévé, i paré pou voyé on palaviré ba boug la. »

« Ou ka réponn, oui ou non ? Ou vé pa ? Mi ! » On kalot pati : men la rété pri !

Konpè lapen, dawa boug a marinad la pa té ka réponn, fou'i on kalot Men la rété pri. I ka kriyé : « Lagè mwen, an di'w ! Ou vé pa ? èben mi pou'w ancò ! »

Blo, on dot kalòt pati, é lòt men la rété pri.

Konpé lapen kòlé, i pa ka vwè, pa ka tann ; i mété'i ka baï koutpié, tou lédé pié rété pri ; i ka toufé, i voyé on koutèt, tèt la pri ! I ka vinn fou, i pa sav sa pou i fè boug la. I pran respirasion a'i, pran tout fòs i ni an vant a'i ; i voyé on koutbouden alé : vant la rété pri !

Lapen santi zafè a'i kay mal, i koumansé trapé pè, kaké a'i bésé, i ka tranblé kon fèy piébwa. I konprann sé adan on zatrap i tonbé.

É Krik ! É Krak !

Pannasitan béké té kaché dèyè razié pou véyé gès a lapen. Lè i vwè konpè lapen pri, i koumansé ka pwoché.

« Ah c'est toi petit maudit qui salissais l'eau. Tu ne bois pas, mais tu es jaloux de voir que les autres boivent. Attends un peu. »

I trapé misié, i ralé'i obò on piébwa, i pran on gro kòd é i maré lapen rèd.

« Tu seras punis par où tu as péché. Tout ce que je peux te dire, c'est de bien serrer les fesses, car je vais à la maison chercher un fer chaud. »

Lapen ki paté sòt konprann jan zafè a'i chò, i mété'i ka hélé :

— Way !wayayay ! an pé ké fè sa ancò !

On tig ki té ka pasé tou pré tann helela, i vansé…

« Ka ou ni kon sa fwè pou ou sa hélé kon sa ?

— Sa mwen ni ? Ou pa ka vwè alò ? An téka pasé koté pyès chou a béké la, an té fen, an tonbé adan pou an té manjé mé béké la té mété an zatrap é an rété pri. Lè béké la vini, i di mwen : « C'est toi qui manges mes choux ? » An di'i : « Non, a pa mwen, sé pasé an teka pasé é pié an mwen rété pri.

— Ah, tu ne faisais que passer ! Viens ici que je t'attache, tu seras puni. Je vais chercher dans mon troupeau le plus gros veau que je possède ; si tu ne le manges pas tout entier, sans en laisser un os, gare à toi !

— Ou sav konpè, sé zèb an ka manjé. Ki jan an ké pé manjé an bèf antié ? » É lapen mété'i ka hélé : Way, Wayayay !

Tig ka mò ri : « ou ka pléré pou sa konpè ! A pa ayen. Si ou vlé, an ka démaré'w é ou ka maré mwen an plas a'w ; apré, nou ké vwé. »

Konpè tig démaré lapen é limenm lonji dé pat douvan a'i pou'i té bien kolé anlè piébwa la : lapen maré tig kon krab. Lè i fini, i mété'i ka ri : Kya kya kya !

Épi i di tig : « Konpè, kenbé rèd ! Tou sa an pé di'w,

sé séré ké a'w bien fò ! »

É i foukan floup an razié.

Lè béké la rivé èvé fè rouj la, é vwè tig an plas a lapen, i rété sézi :

« Que fais-tu là, malheureux ? »

É konpètig rakonté'i sa lapen té fè'i. Béké di'i kon sa :

« Tant pis, tu as péché par gourmandise, tu as pris la place de compère lapin, tu auras ce qui lui revient ! »

É i pasé fè rouj la anba ké a konpè tig, zot ka diviné ki koté ! Konpè tig tonbé rèd mò. Sé kon sa lavorasité pèd li.

Moi-même j'ai su cette histoire de Compère Lapin lui-même, et je suis venue vous la raconter.

Éééée krik ! Éééée Krak !

# Ne bat pas la mesure qui veut !

Centre de ressources
École Jeunes sans frontières

A la Bourse du travail où elle me reçoit, Jocelayne, qui est infirmière dans un hôpital parisien, raconte, pour décrire le racisme ordinaire de certains métropolitains :

— Deux personnes parlaient tout près de moi mais c'était comme si je n'avais pas été là. Je ne comptais pas. Soudain, l'une dit à l'autre : « Les Antillais ne savent faire que deux choses : danser et jouer de la musique. » Ça a été plus fort que moi, je suis intervenue dans leur conversation pour rétorquer : « Ne peut battre la mesure qui veut, Madame ! » A ce moment-là, elle s'est aperçue de ma présence ! En fait, avec un peu d'optimisme, je devrais prendre ce propos d'ignorante pour un hommage à notre musique qu'elle ne peut plus méconnaître ».

Si on ne peut se satisfaire de cette reconnaissance minimum de la culture antillaise, on peut cependant se réjouir en mesurant le chemin parcouru depuis le début du siècle, quand Fragson, vedette incontestée de ce temps, chantait le « tube » de l'époque qui aurait probablement figuré au « Top 50 » s'il avait existé ! Sur les « petits formats » qu'on peut toujours se procurer, le titre de la chanson, *A la Martinique !* paroles de Christiné, musique de Cohan, est suivi de cette précision : « Chanson nègre ». Il y est question d'un « négro » à qui l'on fait dire à chaque refrain, entre deux couplets tout aussi intelligents : « A la Mâtinique,

Mâtinique, Mâtinique, c'i ça qu'est chic, C'i ça qu'est chic .../... Y'en a du plaisir, du plaisir, du plaisir, Jamais malad', jamais mourir... » Génial, non ?

Il faut attendre les années trente pour que le grand public, en métropole, commence à entendre autre chose en guise de « chansons nègres » : biguines et mazurkas ont franchi la mer. Bientôt, un public averti fréquente assidûment le « Bal nègre » situé rue Blomet dans le XVe arrondissement de Paris. A partir de 1950 (entre-temps, il y a eu la guerre et l'Occupation...) on voit s'ouvrir un certain nombre de boîtes de nuit antillaises animées par des orchestres dont les musiciens sont tous originaires des îles. Pour un public plus nombreux, des associations organisent des bals une ou deux fois par an, notamment dans les salons des mairies des Ve et XVe arrondissements. Dès cette époque, des chanteurs et chanteuses ont une large audience et, parmi eux, Henri Salvador, Moune de Rivel ou Toto Bissainthe.

Après 1965, du fait de l'action du BUMIDOM qui les a incités à partir, les Antillais sont nombreux en métropole. Ils y apportent et nous communiquent leur goût pour les groupes musicaux célèbres aux Antilles, lesquels, à leur tour, font le voyage, pour des tournées qui leur permettent de retrouver un public nostalgique et de l'élargir aux métropolitains conquis par les rythmes, les instruments, les voix des interprètes. Le zouk explose et le mot qui, à l'origine, en Martinique, désignait très précisément un bal où un monsieur n'aurait pas jugé convenable d'emmener son épouse s'impose, se décline, se conjugue pour désigner aussi bien le bal où l'on va « zouker » que la danse et la musique qui l'accompagnent.

Dès 1979, à Paris, Pierre-Édouard Décimus, alors membre du groupe des Vikings, fait le pari, avec son frère Georges et Georges Desvarieux, non seulement de diffuser la musique antillaise aux Antilles, en Afrique et en France mais de la propulser au niveau international. Ainsi est né le groupe Kassav' (nom d'une galette de manioc et de coco). Claviers, cuivres et percussions complètent l'orchestre ; chanteuses, chanteurs et danseuses rejoignent le groupe qui compte désormais seize membres.

Après dix concerts consécutifs dans un Zénith plein à craquer chaque soir, une brèche est ouverte dans l'univers du showbiz. Le premier album de Kassav' est vendu à 300 000 exemplaires ! D'autres groupes musicaux se manifestent et connaissent un même succès. En 1990, au concours Eurovision, la chanson française est représentée par une ex-Miss Guadeloupe, Joëlle Ursule, qui a chanté une année durant avec Zouk Machine. Classée seconde, la chanson qu'elle a interprétée — *Black and white blues* — monte très vite au Top 50. Aujourd'hui, qui ne connaît, entre autres, les Malavoi, Dédé Saint-Prix pour la Martinique, les Kassav', les Zouk Machine (qui ont ici leur « Fan club »), pour la Guadeloupe ? Qui ne fredonne leurs chansons et ne danse sur leurs musiques ? Une musique à laquelle les pieds ne résistent pas longtemps !

— Bien sûr que j'aime la musique antillaise, dit Louise Rapha, un large sourire aux lèvres. Je l'aime parce qu'elle est chaude. Et puis, j'aime danser, j'aime beaucoup danser. La musique me pousse à me défouler.

Pour moi, c'est une nécessité. En dansant au rythme de cette musique-là, j'élimine un tas de choses, un tas de tensions. J'élimine d'un coup tous les problèmes de la semaine et je repars à zéro.

Dans les immeubles mal insonorisés, cela provoque parfois quelques frictions avec le voisinage :

— Chez moi, c'est grand, alors c'est bien pour faire la fête. On commence à trois heures et ça dure jusqu'au matin. Ça pose un problème parce qu'on met la musique à fond et des gens appellent la police. Les gens le prennent pas bien, pourtant, généralement, on met un mot dans l'ascenseur, pour prévenir. Les Français s'accordent le droit de faire du bruit chez eux, le soir, mais ils ne nous l'accordent pas ! (Patrice, CES Garges.)

Comment et où faire la fête alors, quand on a la nostalgie de la fête telle qu'on la vivait « là-bas », quand la nostalgie et le sentiment de solitude sont trop forts ?

Les associations antillaises (environ deux cent soixante-quinze réparties sur le territoire métropolitain), quels que soient par ailleurs leurs objectifs socioculturels, proposent tout au long de l'année un éventail de fêtes où la musique et la danse ont leur part.

Maurice Jallier, animateur de la station radiophonique Tropic FM, a lancé l'idée d'un carnaval antillais à Paris. A Londres, depuis plus de vingt ans, les Antillais anglophones émigrés en Grande-Bretagne le célèbrent avec éclat. Quelques personnes se réunissent autour de Maurice Jallier pour en discuter : il faut vaincre les hésitations et obtenir l'accord du ministère des DOM-TOM et de la Mairie de Paris. Ceci fait, une vingtaine d'associations créent un comité d'organisation et, en 1985, se déroule le premier carnaval antillais dont le succès est immédiat. Quelques jours auparavant, Peggy, Patrick, Patrice, Jannick, Catherine et Fabien, du collège Utrillo à Paris, nous avaient donné un avant-goût de la fête en évoquant les carnavals vécus en Martinique ou en Guadeloupe :

— Tout le monde est dehors, tout le monde est déguisé ; c'est vraiment une grande fête...

— Tout le monde traîne dehors, on s'amuse, c'est bien...

— C'est super, tu veux dire. Il y a toutes sortes de costumes, des modestes et des magnifiques...

— Oui, il y en a qui ont coûté très cher...

— Il y en a qui ont demandé des mois et des mois de travail...

— Dans toutes les communes de Guadeloupe et de Martinique, on fête le carnaval mais c'est dans les capitales que c'est le plus beau !...

— Il y a des chars, ce sont des camions couverts de feuilles de palmiers et de toutes sortes de fleurs...

— Sur les chars, il y a des groupes de personnes déguisées selon un thème...

— Oui, par exemple, il y a un char avec des pirates, un autre avec des astronautes...

— Moi, ma grande sœur, elle était sur un char, ça représentait une ruche, et toutes les filles c'étaient des abeilles...

— Devant les chars qui vont très très très lentement, il y a des petits orchestres qui jouent des airs qu'on reprend tous en chœur...

— En tête du défilé, il y a les diables habillés tout-de rouge. Ils sont entourés de diablotins rouges aussi...

— Au milieu de tous ces diables il y en a un plus haut de taille. C'est le « grand diable ». Son costume est couvert de petits miroirs cousus, si bien qu'au moindre geste qu'il fait le soleil joue dessus : on ne peut pas le regarder...

— Les gens ont peur de lui...

— En plus, il porte un masque en peau de chèvre, avec les cornes et tout et tout...

— Il est affreux !

— Souvent, il y a des groupes de « neg'marron »...

— Ouais ! Je me souviens ! Ils ont un pagne autour des reins, comme les anciens esclaves ; ils ont de la suie sur leur visage et sur leurs membres pour être « encore plus noirs »...

— On danse dans la rue toute la journée...

— Et le soir aussi ! Il y a des bals dans les maisons...

— A mardi gras, les écoles sont fermées tandis qu'ici...

— Ici, on ne sait même pas quand c'est mardi gras !

— Après le mardi gras il y a le mercredi des Cendres, c'est pas mal non plus...

— Oui, mais ce jour-là, il n'y a plus de costumes magnifiques...

— Tout le monde est en noir et blanc...

— Par exemple, une jupe noire, un corsage blanc ; une chaussette noire, une chaussette blanche...

— C'est parce que Vaval va bientôt mourir et qu'on va prendre le deuil...

— Oui ! Et le carême va commencer...

— Et tous ces gens habillés de noir et de blanc, on les appelle les « diablesses »...

— Les « diablesses » dansent jusqu'à minuit. A minuit, quand Vaval a été brûlé, tout s'arrête...

— Vaval, il est représenté par un mannequin qui porte une couronne sur la tête parce qu'il est le roi du carnaval.

— Quand tout s'arrête, les gens font semblant de pleurer parce que Vaval est mort...

— Alors, dans les rues, on entend partout : « Vaval mô ! Vaval mô ! »

Ils sont intarissables sur le sujet et, bien sûr, ils seront tous au rendez-vous, le dernier week-end de juin, sur l'esplanade du château de Vincennes, pour accueillir Vaval devenu métropolitain. Belle occasion de sortir les tenues traditionnelles quand on a pu les emporter...

— Toutes les femmes ont dans leur armoire une robe antillaise. Alors, au moment du carnaval, on la sort. Moi, j'en ai une collection, dit Évelyne. Bien sûr, chez nous on s'habille à l'européenne mais dans les campagnes, encore maintenant, on peut voir des grands-mères porter le madras. C'est le foulard de tête fait dans un tissu à carreaux importé de l'Inde que les femmes nouaient de façon à communiquer un message. Une pointe, cela signifiait : « Mon cœur est à prendre. » Deux pointes : « Mon cœur est pris. » Trois pointes : « Je suis mariée. »

Autre occasion de retrouvailles et de fête, la Biennale de l'outre-mer français, organisée par l'Association pour le rayonnement de l'identité culturelle des Français d'outre-mer (ARICOM), a connu sa seconde édition en avril 1991, au Parc floral de Paris (bois de Vincennes). La foule, nombreuse, était composée d'Antillais de toutes nuances et de couples-dominos comme on dit (un Noir, une Blanche ou un Blanc, une Noire). Les « visages pâles » étaient rares. On préfère penser qu'ils n'ont pas été informés de l'événement....

Rendez-vous culturel, économique et touristique, cette Deuxième Biennale de l'outre-mer a réuni des peintres et sculpteurs qui exposaient leurs œuvres, des écrivains qui signaient leurs livres, des groupes musicaux et des troupes de danse qui ont créé l'ambiance, des stylistes de la mode et de la coiffure dont les défilés des mannequins ont été fort applaudis. On pouvait en outre acquérir, selon l'envie, de ravissantes poupées folkloriques (les Ti-Zammis), des bijoux typiques (colliers choux , bagues grains d'or ou épingles tremblantes torsadées), des produits de beauté et, bien sûr, tous les rhums produits dans les îles ainsi que le nécessaire à la préparation d'une bonne cuisine antillaise qu'on pouvait par ailleurs déguster sur place, des restaurants ayant transporté leurs pénates au Parc floral.

Parlons-en de la cuisine antillaise, héritière des habitudes culinaires caraïbes, africaines, européennes et indiennes, sans attendre la prochaine Biennale de l'outre-mer...

# Rien à voir avec
# le beefsteak-frites !

AU SOLEIL DES ANTILLES
KOLA CHAMPAGNE
BANANES
MARTINIQUE

La cuisine antillaise garde le souvenir de tous ceux qui, à une époque ou à une autre, plus ou moins longtemps, et généralement par la force, ont occupé les îles. Des premiers occupants arawaks, les Antillais tiennent leur goût et l'usage des assaisonnements fortement pimentés, des viandes grillées ou boucanées au feu de bois, des préparations de chair de crustacés mêlée à la farine de manioc (le matoutou de crabes ou d'écrevisses), du pain de manioc (la cassave).

Le matété et le jambalaya, plats à base de riz cuisiné avec des crabes et des écrevisses dans le premier cas, avec du poulet, du jambon et des crustacés dans le second cas, sont parents de la paella espagnole.

Le blaf de poisson et le dombré sont un héritage des Hollandais.

L'Afrique a donné les accras (du nom de la capitale de la Guinée), le calalou du Dahomey, la soupe congo, du Congo évidemment, etc.

Les Indiens ont apporté le colombo de poulet, de porc ou de cabri parfumé au curry.

De France sont venus le cochon de lait, le petit salé aux lentilles, les tripes, les soupes de poisson, les brandades de morue qui ont peu à peu perdu l'accent des provinces françaises d'où elles étaient parties pour se colorer et se pimenter au soleil des Antilles.

De ce métissage culinaire, auquel ont également participé la Chine et l'Angleterre, est née cette cuisine antillaise qu'on peut déguster dans certains restaurants en métropole et qu'on peut faire soi-même... si on en a le temps !

— Ici, chez le Haïtien, on trouve tout pour faire la cuisine antillaise. On trouve des ignames, des patates douces, des gombos, la morue pour faire les accras, les boudins cochons, tout quoi ! Sinon, on adapte... (Christelle, Saint-Christophe.)

Quand on aborde le chapitre cuisine avec Bruno, Fabien, Antoinette et Alphonse, dans ce collège du XIXe arrondissement de Paris, c'est un éclat de rire général :

— Ça n'a rien à voir avec le beefsteak-frites !

— Moi j'aime les crabes.

— Moi, c'est le dombré, c'est de la viande avec des boulettes de farine et des haricots rouges. C'est bon !

— Quand ma mère elle en fait, je mange pas la viande, je mange que les boulettes. La viande c'est un petit peu trop gras.

— J'aime le colombo, c'est une espèce de soupe épaisse : il y a des carottes, du piment, du mouton, du riz. C'est une manière de pot-au-feu.

— C'est pas vraiment un pot-au-feu, c'est drôlement pimenté !

— Quand je réclame un plat comme ça, ma mère elle dit : « Ici, la cuisine antillaise je peux la faire seulement le samedi et le dimanche. En semaine, je n'ai pas le temps. Le samedi, ça peut cuire pendant que je fais le ménage. »

— Comme on mange à la cantine, on s'habitue à une cuisine différente, mais au début, ça paraît fade !

— Le mieux, c'est à Noël. Nous, on réunit toute la famille, les amis ; on s'amuse, on rigole, on chante toute la nuit. Et on mange toute la nuit aussi. C'est bon ! Le cochon de lait surtout.

Au collège Utrillo, dans le XVIIIe arrondissement, l'évocation de Noël déclenche le même enthousiasme :

— A Noël, chez nous, dit l'un, c'est d'abord le cochon...

— C'est vrai ! On tue le cochon la veille, très tôt le matin...

— C'est à la campagne qu'on fait ça !

— Oui mais si on habite la ville, on a toujours un parent qui habite une commune, qui tue un cochon et qui nous demande de venir en chercher un morceau...

— Et on en donne même aux voisins.

— Oui, on donne, on ne vend pas !

— Il y a une personne qui découpe le cochon et plusieurs autres qui s'occupent de laver les boyaux et de faire le boudin...

— Et on fait aussi le ragoût de cochon, c'est le plat traditionnel de Noël...

— Avant, on a fait le ménage à fond parce qu'il faut que la maison soit bien propre.

— Après, on met le couvert pour le repas du soir.

— Et avant de passer à table, on chante des cantiques. Tout le monde est rassemblé, c'est très gai.

— On commence par manger les petits pâtés-cochons, puis le boudin ; il est un peu pimenté mais c'est très bon. Ensuite c'est le ragoût de cochon avec de l'igname et des pois d'Angola.

— Les pois d'Angola, on les trouve pas toujours en France. C'est comme de gros « petits pois » mais c'est marron. Quand c'est cuit c'est comme des lentilles...

— Ça bourre !

— Souvent, comme dessert, on fait un blanc-manger, c'est une espèce de flan au coco et c'est glacé.

— Avant, à Noël, n'importe qui pouvait entrer chez n'importe qui. On le recevait, il mangeait, buvait... C'était l'hospitalité, quoi !

— Oui ! A Noël, c'était une obligation...

— C'était une bonne action, c'était le jour de la bonne action...

Ici et là, les yeux avaient le même éclat. Je les écoutais et « j'entendais » Aimé Césaire* évoquer Noël dans *Cahier d'un retour au pays natal.*

« Passé août où les manguiers pavoisent de toutes leurs lunules, septembre l'accoucheur de cyclones, octobre le flambeur de cannes, novembre qui ronronne aux distilleries, c'était Noël qui commençait.

Il s'était d'abord annoncé Noël par un picotement de désirs, une soif de tendresses neuves, un bourgeonnement de rêves imprécis, puis il s'était envolé tout à coup dans le frou-frou violet de ses grandes ailes de joie, et alors c'était parmi le bourg sa vertigineuse retombée qui éclatait la vie des cases comme une grenade trop mûre.

Noël n'était pas comme toutes les fêtes. Il n'aimait pas à courir les rues, à danser sur les places publiques, à s'installer sur les chevaux de bois, à profiter de la cohue pour pincer les femmes, à lancer des feux d'artifice au front des tamariniers. Il avait l'agorapho-

bie, Noël. Ce qu'il lui fallait c'était toute une journée d'affairement, d'apprêts, de cuisinages, de nettoyages, d'inquiétudes,
de peur que ça-ne-suffise pas,
de peur que ça-ne-manque,
de peur qu'on-ne-s'embête,
puis le soir, une petite église pas intimidante, qui se laissait emplir bienveillamment par les rires, les chuchotis, les confidences, les déclarations amoureuses, les médisances et la cacophonie gutturale d'un chantre bien d'attaque et aussi de gais copains et de franches luronnes et des cases aux entrailles riches en succulences, et pas regardantes, et l'on s'y parque une vingtaine, et la rue est déserte, et le bourg n'est plus qu'un bouquet de chants, et l'on est bien à l'intérieur, et l'on mange du bon, et l'on en boit de réjouissant et il y a du boudin, celui étroit de deux doigts qui s'enroule en volubile, celui large et trapu, le bénin à goût de serpolet, le violent à incandescence pimentée, et du café brûlant et de l'anis sucré et du punch au lait, et le soleil liquide des rhums, et toutes sortes de bonnes choses qui vous imposent autoritairement les muqueuses ou vous les distillent en ravissements, ou vous les tissent de fragrances, et l'on rit et l'on chante, et les refrains fusent à perte de vue comme des cocotiers.

*Alléluia*
*Kyrie Eleison... leison... leison.*
*Christe Eleison... leison... leison.*

Et ce ne sont pas seulement les bouches qui chantent, mais les mains, mais les pieds, mais les fesses, mais les sexes, et la créature tout entière qui se liquéfie en sons, voix et rythme.

Arrivée au sommet de son ascension, la joie crève comme un nuage. Les chants ne s'arrêtent pas mais ils roulent maintenant inquiets et lourds par les vallées de la peur, les tunnels de l'angoisse et les feux de l'enfer.

Et chacun se met à tirer la queue du diable la plus proche, jusqu'à ce que la peur s'abolisse insensiblement dans les fines sablures du rêve, et l'on vit comme dans un rêve véritablement, et l'on boit et l'on crie et l'on chante comme dans un rêve, et l'on somnole aussi comme dans un rêve avec des paupières en pétales de roses, et le jour vient velouté comme une sapotille, et l'odeur du purin des cacaoyers, et les dindons qui égrènent leurs pustules rouges au soleil, et l'obsession des cloches, et la pluie,

les cloches... la pluie...

qui tintent, tintent, tintent. »

## DEUX RECETTES DE REPAS DE FETES

### Accras de morue

Prévoir :
• 500 grammes de morue
• 500 grammes de farine
• 20 centilitres de lait
• 20 centilitres d'eau
• 2 œufs
• 1 sachet de levure alsacienne ou 1/2 cuillère à café de bicarbonate de soude
• 6 pieds de ciboulette ou deux oignons
• 2 gousses d'ail
• 2 branches de persil
• 1 piment vert ou rouge mais fort
• 1/2 litre d'huile d'arachide

• Dessaler la morue en la laissant tremper dans l'eau froide durant quatre heures.
• Sortir la morue de l'eau, l'égoutter puis la faire cuire durant trente minutes.
• Lorsque la morue est cuite, l'égoutter, l'éplucher et la débarrasser de ses arêtes. Ceci fait, il doit vous rester 250 grammes de chair, soit la moitié du poids de farine que vous allez utiliser. Laisser refroidir.
• Déposer la farine dans une terrine. Y ajouter petit à petit l'eau et le lait jusqu'à obtenir une pâte lisse, épaisse, sans grumeaux.
• Ajouter les œufs bien battus.
• Ajouter la levure alsacienne (ou le bicarbonate).
• Piler la morue cuite, hacher finement le piment débarrassé de ses pépins, les ciboulettes (ou les oignons), l'ail et le persil. Incorporer ces condiments à la pâte en mélangeant bien le tout.
• Faire chauffer l'huile. Lorsqu'elle est bouillante, pour

chaque accra, y verser la valeur d'une cuillère à café de pâte.
• Laisser frire environ cinq minutes.
Lorsque les accras de morue sont bien dorés, les égoutter sur un papier absorbant et les servir très chaud.

## Le blaff ou court-bouillon de poisson à l'antillaise

Si votre poissonnier habituel ne peut vous fournir des vivanneaux, des grandes gueules ou des sardes, une belle dorade fera l'affaire.

Prévoir :
• Une dorade d'un kilo
• 5 citrons
• 5 gousses d'ail
• 1 gros oignon
• 1 grosse tomate ou une cuillerée à soupe de concentré de tomates
• 1 piment
• 1 cuillerée de beurre rouge
• Sel, poivre, thym, laurier, persil, cives ou oignons-pays
• 3 cuillerées à soupe d'huile

• Prendre la dorade, l'écailler, la vider, la laver, la citronner, avant de la couper en morceaux. (La tête sera coupée en deux dans le sens de la longueur.)
• Dans un plat creux, préparer une marinade avec :
— le jus de trois citrons
— deux gousses d'ail pilées
— un piment coupé en deux
— sel (une cuillerée à café) et poivre à volonté
• Ajouter un verre d'eau, mélanger à l'aide d'une cuillère en bois et disposer les morceaux de poisson dans cette marinade où ils resteront environ une heure.
• Mettre alors trois cuillères d'huile dans une sauteuse et la faire chauffer.

• Ajouter les oignons émincés, les cives, le persil haché et deux gousses d'ail. Faire roussir (attention de ne pas laisser brûler).

• Ajouter la tomate épluchée, épépinée et coupée (ou le concentré de tomates), le beurre rouge, le thym, le laurier et deux verres d'eau. Couvrir et laisser cuire à feu doux durant quinze minutes.

• Laisser la préparation refroidir quelques minutes avant d'y mettre les morceaux de poisson (y compris la tête).

• Retirer le piment de la marinade avant de la verser sur les morceaux de poisson.

• Remettre à cuire à feu doux durant quinze à vingt minutes.

• Pendant ce temps, mettre dans une tasse deux gousses d'ail pressées, ajouter, en tournant, la valeur de trois cuillerées d'huile puis le jus d'un citron et enfin une partie du court-bouillon.

• Verser ce mélange dans le plat de service. Prendre un à un les morceaux de poisson pour les déposer dans ce plat et terminer en les recouvrant du court-bouillon qui reste.

• Servir chaud accompagné de riz, d'ignames ou de fruits-à-pain.

# Foi et croyances

Comme la cuisine, la religion, aux Antilles, a ses accents propres. Les populations réduites en esclavage ont emporté et gardé au plus profond d'elles-mêmes leurs dieux, leurs croyances, leurs pratiques, que les colons et les représentants de l'Église catholique de l'époque ont niés pour imposer le christianisme comme unique religion.

— Quand les esclaves sont arrivés, rappelle Évelyne, ils avaient leurs religions. On les a obligés à prendre la religion catholique mais ils ont conservé secrètement leurs pratiques malgré les mauvais traitements que cela aussi leur valait. Et l'Église a dû s'en accommoder.

La religion catholique, religion toujours dominante aux Antilles, quoique fortement concurrencée aujourd'hui par d'autres et par des sectes, telle qu'elle y est pratiquée, semble bien un compromis entre le dogme officiel et la quête religieuse d'un peuple héritier d'une culture africaine qu'on s'est efforcé d'éliminer. On le note lors de la célébration des fêtes et des moments les plus importants de l'existence : une naissance, un mariage, un décès surtout. Au collège Utrillo, Peggy le fait remarquer :

— Ma grand-mère m'a raconté ce qu'on a fait quand mon grand-père est mort. Bon ! voilà comment ça se passe : le mort est dans sa chambre. On dit qu'il est « exposé ». Les gens viennent le voir, saluent la famille et vont au salon pour causer, rencontrer d'autres personnes. Dans la cour, il y a un conteur et, autour de lui, des gens qui écoutent. Des fois, les histoires sont drôles et les gens rient...

Surpris, un enfant métropolitain interrompt Peggy :

— Tu trouves pas que c'est manquer de respect au mort que de rigoler alors qu'il est encore dans sa maison ?

— Pas du tout ! Ma grand-mère dit tout le contraire. Elle dit qu'on raconte aussi des histoires drôles qui sont arrivées de son vivant à la personne qui est morte ; elle dit que c'est pour l'honorer...

— Ma mère m'a dit la même chose, complète Patrick. Et pendant les veillées funèbres, on parle du mort, on sert à boire et à manger aux personnes qui sont là, jusqu'à ce que le jour se lève. On veille comme ça plusieurs soirs de suite.

— Je voudrais dire quelque chose, intervient Jannick. Ce n'est pas n'importe qui qui raconte les histoires. C'est un conteur professionnel. Dans ma famille, il y a un vieil oncle qu'on vient chercher quand il y a un mort. C'est comme un artiste, quoi !

— Ma grand-mère elle dit que les morts ne nous quittent pas vraiment. C'est pour ça que la Toussaint c'est une fête importante : on se réunit au cimetière, on allume des bougies sur les tombes, on apporte à manger et on mange à côté des tombes pour être avec les morts...

Cette tradition venue du fond des âges n'empêche pas les religions chrétiennes d'imprégner majoritairement la population des Antilles.

— Ma mère est chrétienne, elle croit en Dieu. Elle va pas à l'église quand elle travaille mais, sinon, tout le monde va à l'église. (Marie-Jeanne, collégienne, Garges.)

— Chez ma mère, il y a toujours la Bible sur la table. On ne quitte pas la maison sans prier. Et comme, ici, je ne prie plus autant, j'ai dit à ma mère : « Si j'ai un problème, tu vas prier pour moi. » Elle m'a répondu : « Et toi, tu ne peux pas le faire ? » « Mais moi, je n'ai pas assez l'habitude ! » Et c'est vrai que dans ma vie de maintenant, quand je prie, c'est pour me protéger. Quand j'ai un litige dans mon travail, je prie et je me sens beaucoup plus forte. (Marie-Laure, puéricultrice.)

— En Martinique, il y a principalement deux religions. Il y a des protestants mais la plupart des Martiniquais sont catholiques. On est très pratiquants en Martinique. Ici, pas trop. (Josette, puéricultrice.)

Comme Josette, comme Marie-Laure, beaucoup d'Antillais vivant en métropole décrochent de la pratique religieuse traditionnelle sans pour autant devenir athées. Certains, en revanche, ont abandonné la religion catholique pour une autre :

— La plupart des gens sont catholiques mais maintenant il y a des religions diverses comme les témoins de Jéhovah, les adventistes, les apôtres de l'Amour infini, les baptistes, les pentecôtistes... Il y a aussi des sectes comme celles de Scientologie, Rose-Croix ou Moon. Il y a vraiment plus de religions qu'avant. Beaucoup de catholiques abandonnent leur religion pour aller dans ces directions. Moi, j'ai ma religion et je ne tiens pas à en changer. Mais beaucoup de catholiques ont changé de religion. Beaucoup sont devenus témoins de Jéhovah. J'ai une tante qui était catholique et qui est devenue témoin de Jéhovah. Depuis, elle a coupé avec toute la famille. (Mylène, étudiante.)

— Les deux religions principales sont le catholicisme et le protestantisme, dit Évelyne quand nous abordons le sujet. Mais maintenant, il y a diverses sectes dérivées du protestantisme. Cela nous vient des États-Unis. Il y a même des musulmans maintenant, ce qui ne s'était jamais vu. Moi, je ne dis pas que je ne suis pas croyante mais je ne pratique aucune religion.

— Ma mère est évangéliste mais elle pratique pas beaucoup. Les évangélistes, ils proclament la parole de Dieu. Ils disent comment le monde sera si tout le monde va à l'église. Ils nous donnent l'histoire de Jésus, tout ce qui lui est arrivé, et ils essaient de répondre aux questions qu'on se pose et pour lesquelles on n'a jamais eu de réponses. Des fois, ils viennent chez moi, ils me donnent des bulletins et chaque fois je leur pose certaines questions et ils y répondent. Mais je suis pas obligée de croire que c'est vrai. (Mélaine, collégienne, Garges.)

— Je suis adventiste, répond une jeune femme de Saint-Christophe interrogée à propos de sa pratique religieuse.

— Moi, je suis évangéliste, intervient une de ses compagnes. Pour moi, il y a trop de rigueur chez les adventistes. Ils se surveillent. Quand j'ai connu un garçon, chez les adventistes on m'a dit : « N'oublie pas que le Saint-Esprit est en permanence avec toi. » On ne doit pas danser, aller au cinéma, porter des bijoux, s'habiller de façon provocante, on ne doit pas travailler le samedi. Ni manger de porc, de charcuterie, de fruits de mer. La viande qu'on mange doit être casher parce que c'est dans l'Ancien Testament. Je ne fais plus tout ça. Je ne sais si c'est une évolution ou si c'est l'œuvre de Satan !

— Moi, je suis catholique, conclut une troisième. J'ai gardé ma religion. J'ai eu des périodes plus strictes que maintenant. Jusqu'à ma communion solennelle, ce n'était pas par obligation, j'y allais tout naturellement. Plus tard, je suis passée par des périodes de doute. Je me disais : « Dieu n'existe pas. » Mais maintenant, je vais à l'église tous les dimanches.

Comment expliquer ce détournement de la foi catholique au bénéfice d'Églises plus ou moins marginales ? Un retour à l'histoire fournit sans doute une explication. Pendant la période esclavagiste (1650-1848) et longtemps après, et bien que l'évangélisation des Nègres ait été à l'ordre du jour, un catholique blanc et un catholique noir n'ont pas pesé le même poids au regard de la société coloniale. (Le premier prêtre guadeloupéen ne sera ordonné qu'en 1933...) Les mères célibataires, notamment, faisaient l'objet d'une discrimination particulière qui s'ajoutait à toutes les autres. Leurs enfants ne pouvaient être baptisés que le samedi et non pas le dimanche, comme les enfants nés de parents mariés. Ils n'étaient pas acceptés dans les écoles tenues par des religieux. Elles n'avaient pas le droit de communier ni d'être enterrées religieusement. En réaction aux frustrations et humiliations subies, un certain nombre de mères célibataires ont évolué au cours des vingt dernières années vers diverses Églises protestantes comme les témoins de Jéhovah, les adventistes du Septième Jour, les évangélistes ou les pentecôtistes. Leurs adeptes, à Paris, fréquentent particulièrement certains lieux saints telles la chapelle de la Médaille miraculeuse, l'église Saint-Merri.

A Paris, l'aumônerie Antilles-Guyane, animée par le père Lacroix, s'efforce de sensibiliser tous ceux qui, ayant une responsabilité dans l'Église en France, sont en rapport avec les Antillaises et les Antillais, afin que, les connaissant et les comprenant, ils soient en mesure de les retenir ou de les ramener dans l'Église. En collaboration avec l'Association pour l'expression et la formation des Antillais et Guyanais (APEFAG), elle publie une revue *(Alizés)*, participe aux émissions de radio Lucrèce le dimanche matin, tient deux jours par semaine une permanence d'accueil, célèbre la messe dans ses locaux, un dimanche par mois, organise un rassemblement annuel qui connaît un succès grandissant. Des équipes d'Antillais reliées aux paroisses animent des célébrations à différents moments comme la Toussaint par exemple.

— Cette année, dit le père Lacroix, nous avons été témoins d'une floraison de messes paroissiales antillaises depuis le début du carême. Partout, à Paris, en banlieue et en province.

Il reste que, parmi les croyants, certains ont délaissé leurs paroisses pour des lieux de pèlerinage moins orthodoxes et que d'autres, consciemment ou inconsciemment, ont conservé un lien avec leurs religions ancestrales auxquelles l'Église, les tenant pour superstitions et sorcelleries, a substitué le christianisme. En particulier, la croyance aux pouvoirs de forces invisibles, maléfiques reste très forte. Une maladie, le décès d'un proche, l'inadaptation scolaire d'un enfant, l'abandon par un conjoint et tout malheur qui survient sont ressentis comme étant commandés par un ennemi supposé.

— La croyance en la magie est assez répandue aux Antilles mais ça dépend du milieu dans lequel on vit, dit Mylène. Il y a une grande part de superstitions qui se traduisent par toutes sortes d'interdits. Par exemple, il y a des heures où il ne faut pas aller dans les cimetières, il ne faut pas y emmener les bébés par crainte de ce que les morts pourraient leur faire. Il y a beaucoup de superstitions mais quand même j'y crois. Certains faits me dépassent et je préfère ne pas chercher plus loin.

— C'est ma grand-mère qui m'a élevée. Quand elle est morte, je suis venue rejoindre ma mère. Quelqu'un l'a fait mourir... C'est sûr... Elle n'était pas malade, elle n'était pas vieille... Quelqu'un lui en voulait, une personne jalouse, elle a demandé à un sorcier de la faire mourir... J'en suis sûre !

— Les quimboiseurs, ce sont eux qui jettent un sort, explique Anne-Marie. Même ici, beaucoup d'Antillais y croient. Moi, j'y crois depuis le décès de ma mère. Avant je n'y croyais pas. Ma mère n'y croyait pas non plus. Mais il y a eu cette histoire avec son voisin. Il avait dit : « Je partirai de cette maison mais elle partira avant moi. » Il devait déménager le dimanche soir, or, à midi, une ambulance est venue prendre ma mère qui décédait d'un infarctus. Je ne crois pas que c'est seulement une coïncidence. Depuis ce jour-là, je me dis que ces gens-là ont des pouvoirs.

— Moi aussi, je le crois. Ils sont capables, confirme Marie-Jo, dont la sœur, à qui sa belle-mère hostile au mariage de son fils avait dit : « Ils se sont mariés mais elle n'aura jamais d'héritier », n'a effectivement jamais eu d'enfant.

— Il faut reconnaître que des choses se passent même si on ne les comprend pas. J'ai perdu mes deux parents. Je les aime encore plus que lorsqu'ils étaient vivants. On dit que, lorsqu'on ment aux morts, on meurt peu de temps après. C'est autre chose que le souvenir... Mon père, je le sentais présent dans le couloir de la maison de ma sœur, tous les jours à la même heure. Ça ne se produisait jamais chez moi, seulement dans la maison de ma sœur, assure Josette.

— Moi, je n'y crois pas, réplique Évelyne, mais ma sœur, depuis que mon père est mort, quand elle entre dans sa chambre, elle dit : « Bonjour papa. » Un jour que nous en parlions elle m'a dit : « Je sens qu'il est là. » C'est peut-être parce qu'elle est restée là-bas, mais ici aussi ça existe.

— Les gens croient aux pouvoirs de ces gens-là, atteste Rigobert. Ça fait partie de notre vie. Tout est suspect, la mort surtout. En tout cas, moi j'y crois. Je suis catholique, je suis militant syndical et militant politique, n'empêche que j'y crois. On parle bien de la résurrection du Christ, pourquoi d'autres personnes ne pourraient-elles revenir ?

Son expérience professionnelle est à l'origine de l'évolution des idées de Jocelayne :

— Un de nos voisins était devenu sénile. Il délirait, criait des propos incohérents. Sa famille avait tellement honte qu'elle l'avait enfermé dans sa chambre. Ma mère disait que c'était un sorcier. Chez lui on disait qu'il était devenu un diable. Quand j'expliquais à ma mère que cet homme était devenu sénile, elle répondait : « Sénile, sénile ! Et tout ce mal qu'il a fait ? Il n'arrive pas à mourir tellement il était sorcier ! » Dans l'esprit de ma mère, la croyance en ces choses est restée. Moi, j'ai changé d'opinion parce que je travaille en hôpital. Sinon, j'aurais été comme elle, j'aurais cru à cette histoire.

Les journaux antillais de métropole témoignent de la force de ces croyances en publiant régulièrement de pleines pages de publicité pour les mages, sorciers, séanciers qui proposent leurs services :

— Beaucoup sont venus ouvrir des salons ici, raconte Louise Rapha. Les gens se font avoir... Ils sont prêts à se faire avoir. Une femme de ménage m'a parlé d'une séancière qu'elle avait consultée parce qu'elle s'inquiétait de ne pas trouver à se marier. La séancière lui a dit qu'on lui avait jeté un mauvais sort pour qu'elle ne se marie pas et qu'elle pouvait le lui retirer. Pour ça, il fallait qu'elle apporte six mille francs ! Des séanciers, des quimboiseurs, il y a même des métropolitains qui vont les voir. Moi, pas trop... Les quimboiseurs, c'est pas mon truc.

Martiniquaise, Simone Henry-Valmore est ethnopsychanalyste. A l'époque où elle animait une émission sur Radio Mango, elle avait été interviewée par un journaliste d'*Antilles Matin*. Elle avait alors donné cette explication : « .../...Le séancier écoute. Il est aussi voyant et guérisseur, et il se situe à mi-chemin entre le généraliste, le psychologue et le psychanalyste... J'ai une tendresse particulière pour les séanciers car, s'ils n'avaient pas été noirs et pauvres, ils seraient psychanalystes... /... C'est parce que les séanciers-quimboiseurs sont traditionalistes, s'acharnent à sauvegarder les éléments primordiaux d'une culture menacée qu'ils représentent, pour les immigrés antillais, en quête parfois tragique de leur identité, un lien symbolique de rattachement à leur terre natale... /... mais il y a bien sûr un tri à faire entre ce qui, dans la tradition, structure et ce qui aliène... »

# Des pieds à la tête

Simone Schwarz-Bart :
« Le créole, c'est un acte d'amour »
Une littérature anti-spleen !
ANTILLES
Edouard Glissant :
éloge du marronnage
Plume de Chamoiseau
Daniel Maximin :
« La quête de l'identité, c'est fini ! »
Marie-Jo Perec
BARCELONE
SPÉCIAL J.O

Musiciens, chanteurs, danseurs... ces talents-là ne sont plus contestés aux artistes du spectacle originaires des Antilles qui rencontrent, en métropole même, un formidable succès. Mais, depuis un certain nombre d'années, la France découvre que, dans les rangs de ses sportifs de très haut niveau, les Antillais sont nombreux, et qu'elle doit à certains d'entre eux, dans différentes disciplines, d'avoir vu hisser les couleurs nationales au-dessus des podiums des grandes rencontres internationales.

Si le sport, en général, jouit de la faveur des Antillais, tant ici qu'au pays, le football, lui, particulièrement populaire, est pratiqué par un très fort pourcentage de la population. Ses vedettes font les beaux jours des grands clubs : Marius Trésor dans l'équipe de France, Cyril Fallard au Paris-Saint-Germain, Jocelyn Angloma et Luc Sonor à l'OM de Marseille...

Presque aussi populaire : le handball dont Jackson Richardson est la gloire, comme Joël Nelson, trois fois champion de France, est celle du kung-fu, comme Gilbert Delé et Daniel Londas sont celles de la boxe.

Les Antillais dont certains moquent la lenteur et l'indolence ont donné à la France ses plus prestigieux champions de course à pied : Bruno Marie-Rose, Max Morinière, Daniel Sangouma et Jean-Charles Trouabal remportaient la victoire au XVe championnat d'Europe, faisant dire au ministre de la Jeunesse et des Sports de l'époque (Roger Bambuck, lui-même champion du monde du 4 x 100 m en 1967) qu'ils « viennent d'écrire une nouvelle page de l'histoire du sport français », Marie-José Pérec, la « reine aux pieds d'or » comme on l'appelle depuis que sa performance lui a valu l'unique médaille d'or de la France au championnat du monde 1991, et médaille d'or aux jeux Olympiques de Barcelone, en 1992, où couraient également Jean-Louis Rapnouil, Jacques Farraudière, Stéphane Caristan (400 m, 4 x 400 m), Dan Philibert (110 m haies), Stéphane Caristan (400 m haies), Patricia Girard, Maguy Nestoret, Valérie Jean-Charles (100 m, 200 m, 4 x 100 m), Elsa de Vassoigne (400 m), Viviane Dorsile (800 m, détentrice du record de France), Cécile Cinélu (100 m haies).

La participation antillaise aux jeux Olympiques de Barcelone ne se limitait pas aux coureurs. Étaient aussi concurrents : pour le saut en longueur : Serge Hélan, également candidat pour le triple-saut dont il est champion de France 1987, Pierre Camara, Georges Sainte-Rose. Pour la gymnastique : Patrice Casimir ; pour le handball : Jackson Richardson qui n'a pas été pour rien dans la victoire de l'équipe de France face à l'équipe espagnole, lors du match d'ouverture des Jeux. Pour le volley-ball : Laurent Chambertin qu'on a pu voir dynamiser l'équipe de France pour lui faire vaincre l'équipe du Japon. Enfin, comptant pour ces JO 1992, on ne peut oublier l'exploit de Surya Bonaly, médaille de bronze, après avoir été sacrée championne du monde junior et cinquième au championnat du monde en 1991.

Arrêtons-là ce palmarès non sans un coup de chapeau à deux escrimeuses : Marlène Hauterville, championne de France et seconde au championnat du monde, et Laura Flessel, première au championnat panaméricain juniors, et à tous ceux grâce à qui la France peut s'enorgueillir de ses résultats sportifs.

Mais, quitte à agacer les ignorants racistes, il faut rappeler que les Antillais n'excellent pas seulement dans le sport et la musique de variété.

Avant les films de nouveaux réalisateurs : Julius-Amédé Laou (*Mélodie de brumes à Paris)*, Christian Lara *(Mamito, Liens de parenté*), et d'autres, il y avait eu le film d'Euzhan Palcy, *La rue Case-Nègres*, primé au Festival de Venise en 1983, dont discutent des élèves du collège Utrillo, dans le XVIIIe arrondissement de Paris :

— Ça se passe à la Martinique, à l'époque de mes grands-parents, je crois. C'est l'histoire d'une vieille femme qui vit seule avec son petit-fils.

— C'était super !

— Oui, mais c'était triste. J'ai pleuré...

— Les ouvriers qui travaillaient dans les champs de canne étaient malheureux !

— Moi aussi j'ai pleuré, bien que je sois un garçon ! C'est surtout la grand-mère qui m'a fait pleurer...

— Elle est formidable, la grand-mère ! Elle voulait faire de son petit-fils un Monsieur, et non pas un ouvrier agricole comme on l'était de père en fils, dans le temps...

— Mes parents, ici, ils n'arrêtent pas de me dire : « Travaille, travaille surtout ! »

— C'est comme la grand-mère du film... ils nous disent ça pour qu'on ait une meilleure situation que la leur...

— Oui, c'est pareil : ils veulent qu'on étudie pour avoir des diplômes, pour qu'on n'ait pas à lutter comme eux pour trouver un travail et, après, pour garder ce travail...

— En tout cas, c'est un beau film. Il faudrait que tout le monde le voie, conclut l'un, approuvé par tous les autres.

Les téléspectateurs, eux, même ceux qui ne fréquentent pas les salles de concert, connaissent Frédéric Lodéon, talentueux et très médiatique violoncelliste et chef d'orchestre.

Chaque année maintenant, au mois d'avril, la mairie du XIIe arrondissement de Paris accueille le « Salon des artistes peintres d'outre-mer » où une quarantaine d'entre eux exposent leurs œuvres.

Présents dans les activités sportives, artistiques, artisanales, les Antillais occupent une place de choix en littérature. Héritiers des conteurs gardiens et passeurs de mémoire qui savaient voiler leurs propos non seulement pour distraire, mais pour entretenir la résistance des esclaves dont ils étaient, les écrivains antillais, poètes, romanciers, dramaturges, essayistes, sont aujourd'hui nombreux et certains d'entre eux comptent parmi les plus grands.

Un jour d'avril 1941, à Fort-de-France, tout juste libéré du camp du Lazaret où l'amiral Robert a fait interner des intellectuels français et étrangers peu enclins à la collaboration avec l'Allemagne, André Breton a la surprise de découvrir dans une revue, intitulée *Tropiques*, un texte qui le bouleverse : « Je n'en crus pas mes yeux, écrira-t-il dans la préface qu'il donnera plus tard au *Cahier d'un retour au pays natal*, mais ce qui était dit là, c'était ce qu'il fallait dire, non seulement du mieux mais du plus haut qu'on pût le dire ! Toutes ces ombres grimaçantes se déchiraient, se dispersaient ; tous ces mensonges, toutes ces dérisions tombaient en loques ; ainsi la voix de l'homme n'était en rien brisée, couverte, elle se redressait ici comme l'épi même de la lumière. *Aimé Césaire*, c'était le nom de celui qui parlait. »

Ce *Cahier du retour du pays natal*, qui paraît en août 1939, à Paris, dans la revue *Volontés*, passe alors à peu près inaperçu. On s'apercevra très vite, cependant, qu'il faut entendre « ce grand cri nègre » chargé de colère et d'amour, fondateur d'un nouvel état d'esprit, celui de la génération de la négritude qui « est tout d'abord et objectivement l'ensemble des valeurs du monde noir » .

— Sans lui, il n'y aurait personne en littérature dans le monde noir. Je considère Césaire comme un ancêtre fondateur. Nous sommes tous nés de lui. C'est lui qui nous a légué des choses comme : « On a beau peindre en blanc le pied de l'arbre, la force de l'écorce en dessous crie. » C'est tiré de *Et les chiens se taisaient*. Il y a aussi ces mots : « Mon nom : Offensé. Mon prénom : Humilié. Mon état : révolté. Ma race : la race humaine. Ma religion : la fraternité. » Ce sont des choses que nous avons tous dans la tête qui font que, sans Césaire, il n'y aurait pas eu de prise de conscience au niveau littéraire. (Maryse Condé *in Le Matin*/Supplément *Antilles*. 3.11.1986.)

— Avant Césaire, nous n'étions que des fantômes de poètes et de romanciers à la recherche obligée de la caution parisienne. (Patrick Chamoiseau et Raphaël Confiant *in Lettres créoles*, Hatier, p. 126.)

— Césaire nous a rendus à nous-mêmes. Il a été le Toussaint-Louverture de notre culture ! (Marie-Thérèse Rouil, journaliste.)

— Et Mylène, étudiante à Paris, qui vient de lire le *Discours sur le colonialisme,* dit :

— Il a beaucoup fait pour Fort-de-France, pas seulement pour Fort-de-France, d'ailleurs. Il a surtout fait beaucoup pour la reconnaissance de la personnalité antillaise/africaine. Chez lui, tout est lié, le quotidien, la poésie, la politique. Récemment on a joué *La tragédie du roi Christophe* à la Comédie française et *Une saison au Congo* au TEP tandis que le Festival d'Avignon de 1991 lui rendait hommage. Pourtant, j'ai l'impression que, si vous interrogez dix Français, il y en a neuf qui ne le connaissent pas. Mais chez nous, monsieur Césaire, il est très reconnu. Il est respecté, respectable, honoré et tout. D'ailleurs, on dit « papa Césaire ».

Un « papa » qui a toute raison d'être fier de sa descendance littéraire ! On peut en juger par les noms de quelques romanciers et romancières qui, au cours de la dernière décade (pour faire bref !), ont révélé ou confirmé d'exceptionnels talents : Patrick Chamoiseau, chantre de la « créolité » comme Césaire l'a été de la « négritude » *(Chronique des sept misères, Solibo Magnifique, Antan d'enfance, Texaco),* Maryse Condé *(Ségou/Les murailles de terre, Ségou/La terre en miettes, Moi, Tituba, sorcière de Salem, Traversée de la Mangrove),* Raphaël Confiant *(Le Nègre et l'Amiral, Eau de café*, et, avec Patrick Chamoiseau : *Éloge de la créolité* et *Lettres créoles),* Daniel Maximin *(L'isolé soleil, Soufrières)*... entre autres, sans possibilité d'oublier quelques auteurs publiés auparavant tels Édouard Glissant *(La lézarde*, prix Renaudot 1958, *La case du commandeur, Mahagony),* Simone Schwarz-Bart *(Pluie et vent sur Télumée-Miracle),* Joseph Zobel *(Rue Case-Nègres)...*

# 3

# Et demain ?

Contraints à l'exil, à la solitude, promis aux emplois subalternes, victimes du racisme, habités de nostalgie, les Antillais, partis de chez eux avec le projet d'y revenir « d'ici trois ou quatre ans », sont toujours en métropole dix, quinze ans plus tard et parfois davantage, ne retournant au pays, dans le meilleur des cas, que tous les trois ans, grâce aux « congés bonifiés ». Au fur et à mesure que les années passent, la certitude de rentrer bientôt au pays s'amenuise. Les habitudes prises ont forgé des liens qu'il n'est pas facile de couper. Certains ont essayé :

— On est plutôt mal accueilli quand on revient, sauf par la famille directe. On nous reconnaît à notre créole qui a pris un accent français. On a du mal à trouver un emploi. Les patrons se méfient des Antillais qui reviennent de France : ils les voient tous comme des militants syndicaux ! (Salomon.)

— Quand on vit ici on change sans même s'en apercevoir et quand on revient là-bas... Je suis allée chez moi deux ans après en être partie. On m'a gentiment fait comprendre qu'il y avait quelque chose qui n'allait pas, que je ne devais pas leur apporter ma manière de vivre en France. J'ai peur de retourner. On sent que le fossé se creuse entre les gens là-bas et nous. Je me dis que j'ai attendu trop longtemps. (Marie-Laure.)

— On a été formées en France, on a appris à travailler en France. C'est vrai : on a une certaine façon de travailler, de se comporter dans le travail, comme la Française, en fait. On est différentes des femmes actuelles aux Antilles. Une de mes amies qui est rentrée m'a dit qu'elle était mal vue de ses collègues parce qu'elle arrivait toujours à l'heure au travail ! Moi aussi j'ai très peur. Je ne suis pas prête du tout. J'ai peur de l'accueil. Je crains de ne pas être en harmonie avec les gens et le style de vie. (Josette.)

— Lorsque nous arrivons là-bas, nous sommes considérés comme des nantis. Il y a quatre ans, j'y suis allé travailler comme animateur dans un night-club. Il y avait longtemps que je n'avais pas remis les pieds aux Antilles. Les copains et les copines m'avaient un peu oublié. J'étais suspect ! Mon français n'était pas le leur, mon créole n'était pas non plus le leur et j'arrivais avec une certaine expérience professionnelle. J'ai eu l'impression qu'ils craignaient que je reste trop longtemps. Il y en un, après s'être exclamé : « Quelle bonne surprise ! » qui m'a presque tout de suite demandé : « Tu repars quand ? » Bien sûr, nous sommes acceptés par certains mais nous sommes rejetés par d'autres qui nous jalousent, c'est tout aussi sûr ! On est considérés comme des renégats ! On nous nomme les « négropolitains » ou les « assimilés » et même les « Français » ! Et ça ne veut pas être aimable !

De tels propos irritent Salomon, Rigobert, Jocelayne, Évelyne et bien d'autres Antillais qui jugent que, si certains de leurs compatriotes ont le sentiment d'être rejetés chez eux, c'est parce qu'ils reviennent en donneurs de leçons, en dédaignant ou en niant les valeurs et la culture de leurs origines. Mais ils doivent bien convenir que, pour les enfants et les jeunes, nés et scolarisés en métropole, les Antilles sont surtout le pays des vacances. Ils en apprécient les charmes mais la trame de leur vie s'est tissée ici, principalement à Paris ou dans la banlieue parisienne, comme pour ces élèves d'un collège du XIXe arrondissement de Paris.

— Moi, ici, je me sens bien. Quand je suis aux Antilles, je ne suis pas si bien. Là-bas, maman, elle a voulu absolument aller dans la maison familiale. Bon, d'accord... mais c'était pas la grande joie ! Ma mère, elle est originaire du Carbet. Il y a une maison de famille, là-bas, que mes oncles ont restaurée. Si c'était à Fort-de-France, encore... mais dans un village !

L'un d'eux laisse transparaître une autre préoccupation :

— C'est vrai que Fort-de-France, ça change pas beaucoup de Paris. C'est plus comme dans *La rue Case-Nègres* ... Les jeunes portent des jeans, des jeans déchirés, comme ici ; c'est la même mode. Ce qu'il y a, c'est que la vie est chère, il y a plein de choses qu'il faut apporter parce que, là-bas, elles sont très chères. A part les fruits qui sont produits sur place... J'y suis allé l'année que les « fluos » sont sortis ici. Eh bien, là-bas, il y en avait partout. Mais moi, ici, je l'avais acheté 199 francs et eux ils l'avaient payé 300 francs !

— Là-bas, je suis une Française en vacances ! On nous regarde avec de grands yeux, à longue distance. On est plutôt mal accueillis. En fait, « chez nous », c'est la France, pas les Antilles...

— Mes parents veulent travailler encore deux ans ici et repartir. Moi, pas du tout !

Rigobert, à qui cette conversation est rapportée, réagit vivement à ces propos :

— C'est évident qu'un Antillais né et élevé ici, il ne raisonne plus comme un Antillais de là-bas. Il ne peut pas avoir le même attachement que nous qui y avons passé notre enfance et notre jeunesse, surtout si ses parents ne lui racontent rien. J'ai un fils de neuf ans, je lui parle des Antilles, de mon enfance là-bas, de ses grands-parents qui y sont restés, de l'histoire de nos îles. J'essaie de lui faire aimer notre musique, nos plats. Pas seulement, mais aussi. Comme pour la langue : nous parlons français, bien sûr, mais aussi créole. Et quand il se plaint à moi d'une remarque qu'un enfant à l'école lui a faite, je lui dis : « Tu es un enfant, comme lui. Tu es français comme lui. Tu n'as pas à te sentir moins que lui, au contraire. Parce que toi, non seulement tu parles et tu manges français mais, en plus, tu parles et tu manges créole. » Je connais une petite auxiliaire, elle a droit à son congé bonifié tous les trois ans, eh bien, ça fait trois ans qu'elle le reporte à plus tard. Elle prétend qu'elle est mal là-bas, qu'elle est mal à l'aise avec les gens. Elle est mal là-bas mais, en fait, elle est mal ici aussi. Elle est triste, elle ne danse pas, elle ne va jamais à une soirée antillaise. Elle est mal dans sa peau. Je ne veux pas que mon fils soit comme ça. Je veux qu'il apprécie ce que les deux milieux peuvent lui apporter.

La question du retour débattue par ces jeunes en ouvre une autre sur laquelle il y a presque autant d'opinions que d'Antillais :

— Je connais des gens, ils sont ici. Ils font construire leur maison là-bas, les parents surveillent. Le fils d'un tel est maçon, il fera la maison. Bon, d'accord ! En fin de compte, quand l'Antillais a bien trimé il dit « Direction les Antilles », voilà la retraite. Je trouve ça pas normal. Ils travaillent ici et partent là-bas pour se reposer. Si c'est comme ça, l'indépendance, ça ne servirait à rien !

— Pareil pour moi. Mes parents, ils veulent d'abord gagner beaucoup d'argent et repartir pour leur retraite. Ils construisent une petite maison avec leur famille avec toutes leurs économies. L'Antillais, une fois qu'il a bien trimé, bien bossé, qu'on l'a mis à la retraite, il repart ! Ils ont fait leurs études ici, ils ont travaillé ici au lieu de travailler pour leur pays, et ils y retournent quand ils sont à la retraite, quand ils peuvent plus rien faire pour leur pays ! C'est vrai que, dans ces conditions, l'indépendance, ça servirait pas à grand-chose !

Indépendance ? A la question posée, les réponses sont multiples, diverses, plus ou moins tranchées. Elle suscite parfois une autre question :

— Je me suis toujours demandé si un jour l'indépendance arrive, comment ça va se passer. C'est-à-dire, les Antillais qui sont ici seront-ils obligés de rentrer chez eux ou est-ce qu'on les gardera ici ? interroge Mylène avant d'énoncer sa propre opinion : Moi, je suis tout à fait contre l'indépendance. Je trouve cette revendication ridicule. Je ne vois pas à quoi cela nous servirait. Ces gens qui veulent l'indépendance, ils renient complètement la France. Ma mère travaille avec des gens qui sont pour l'indépendance. Mais ces gens-là, leurs enfants sont ici ! Et eux, quand ils vont en vacances, ils viennent en France. Je trouve que ce sont des attitudes contradictoires.

— L'indépendance, c'est bien comme idée, dit Louise Rapha. Mais ça demande réflexion. Il y a une telle diversité de points de vue et d'opinions aux Antilles qu'on voit mal comment les Antillais pourraient s'unir pour arriver à ça ! L'indépendance avec des retraités de la RATP, de l'Assistance publique, des administrations ? Pour faire un pays, il faut des gens capables de faire vivre le pays. A l'heure actuelle, l'indépendance ça ne me paraît pas viable.

— Il existe des mouvements indépendantistes plus ou moins actifs à la Guadeloupe et à la Martinique. Certains sont d'ailleurs très anciens, explique Marie-Thérèse Rouil. Je me place sur le plan économique uniquement et je pense en mon âme et conscience que l'indépendance à la Guadeloupe et à la Martinique ne serait pas viable. Nous n'avons aucune richesse du sous-sol à exploiter... Alors, le jour où la France quitterait les Antilles, c'est sûr que l'Amérique mettrait la main sur nous. Mais la France, notre mère patrie, n'est pas seulement un peu marâtre, elle est en plus insouciante...

— On peut être pour ou contre, dit Évelyne, mais il faut reconnaître que les indépendantistes font des choses pour que vivent les traditions et la culture antillaises. Moi, je dis que, de toute façon, tout pays doit être indépendant. Ce n'est pas normal qu'un pays vive sous la dépendance d'un autre. Un jour ou l'autre, on ne sait quand, je n'en sais rien, mais un jour ou l'autre, ça doit venir. Chez nous, je sais que, plus ou moins, tout le monde veut l'indépendance. Les gens veulent gérer eux-mêmes leur vie, gérer leurs affaires...

— Dire que les gens sont indépendantistes en majorité, c'est exagéré, conteste Rigobert. Mais il y a ce désir, qui se développe en effet majoritairement, de gérer nous-mêmes nos propres affaires. Après 1946, on a eu l'impression qu'on avait obtenu ce pouvoir. On a vu l'économie du pays gérée autrement. C'était des gens du pays qui dirigeaient, qui administraient. Le gouverneur était nommé à Paris mais la politique était décidée ici, par un Conseil. Bien sûr c'était pas les petites gens qui dirigeaient. C'était une élite créole qui dirigeait. Or, à l'heure actuelle, cette élite ne dirige plus. Elle a été évincée au profit de financiers européens qui dirigent sans même avoir besoin d'être présents physiquement. Ça explique que des Békés dépossédés d'une partie de leur pouvoir sinon de leur fortune se retrouvent parfois sur la même longueur d'ondes que les indépendantistes.

— Avant de songer à l'indépendance, remarque Marie-Thérèse Rouil, il faudrait déjà que les Antillais se libèrent de la fascination que la France exerce sur eux. Un exemple : nous avons sur place d'excellents chirurgiens, d'excellents ophtalmos mais beaucoup de patients vont systématiquement se faire soigner en France. Ils pensent que c'est forcément mieux. Beaucoup de congrès médicaux se tiennent aux Antilles, alors des malades demandent à être vus par les professeurs qui viennent de France. Ils veulent au moins l'assurance que le médecin local a su faire un diagnostic sérieux. Je trouve ça pénible ce manque de confiance en nous-mêmes.

— L'indépendance... Je pense qu'on devrait commencer à négocier pour aller vers une certaine autonomie, réfléchit Marie-Laure. Qu'on s'interroge, qu'on apprenne à se prendre en charge parce que plus ça va, plus on est dépendant de la France. Avec le cyclone

Hugo sur la Guadeloupe, on a pu voir à quel point on dépendait de la France...

Le poète-chansonnier Francis Lemarque a chanté Paris « riche de tout un passé lourd de conséquences ». Le passé des Antilles est, lui aussi, riche et lourd de conséquences qui pèsent d'autant plus lourd qu'il n'est encore pas totalement assumé par la France qui en porte la responsabilité.

Indépendance ? Autonomie ? Départements d'outre-mer ? Personne ne peut prédire l'avenir et donc répondre avec certitude à ces question posées par les Antillais. Mais on peut s'accorder sur la nécessité urgente de rendre réellement vivantes les paroles de Victor Schoelcher, auteur de la proposition de loi sur l'abolition de l'esclavage : « La République n'entend plus faire de distinction dans la famille humaine. Elle ne croit pas qu'il suffise, pour se glorifier, d'être un peuple libre, de passer sous silence toute une classe d'hommes tenus hors du droit commun de l'humanité. Elle a pris au sérieux son principe. Elle répare envers ces malheureux le crime qui les enleva jadis à leurs parents, à leur pays natal, en leur donnant pour patrie la France et pour héritage tous les droits du citoyen français, et, par là, elle témoigne assez hautement qu'elle n'exclut personne de son immortelle devise : Liberté, Égalité, Fraternité. »

# 4

# À savoir aussi

La Guadeloupe et la Martinique sont, depuis 1946, départements d'outre-mer (DOM), de même que la Guyane française, la Réunion et Saint-Pierre-et-Miquelon.

La Guadeloupe et la Martinique, baignées d'une part par la mer des Antilles ou mer Caraïbe, et d'autre part par l'océan Atlantique, font partie des Petites Antilles ou îles Sous-le-Vent. La Guyane française est située au nord-est de l'Amérique du Sud. La Réunion se trouve dans l'océan Indien. Quant à Saint-Pierre-et-Miquelon, c'est un archipel de la côte méridionale de Terre-Neuve en Amérique du Nord.

## La Guadeloupe

(ancien nom : Karukera ou île aux Belles Eaux).

Elle est composée de deux îles — Basse-Terre et Grande-Terre — que sépare un bras de mer appelé la Rivière salée.

La superficie de Basse-Terre (la Guadeloupe proprement dite) est de 943 $km^2$. Celle de Grande-Terre, de 566 $km^2$. Sont rattachés à la Guadeloupe : La Désirade (27 $km^2$), la Petite-Terre (4 $km^2$), Marie-Galante (149 $km^2$), Les Saintes (14 $km^2$), Saint-Barthélemy (25 $km^2$), Saint-Martin (59 $km^2$).

La Guadeloupe compte 386 000 habitants.

Basse-Terre est le chef-lieu du département où siègent les administrations mais c'est Pointe-à-Pitre qui a, en réalité, rang de capitale. Viennent ensuite : Capesterre, Les Abymes, Le Lamentin, Morne-à-l'eau, Saint-Claude, Saint-Anne et Sainte-Rose.

Plus haut sommet : la Soufrière (1484 m), un volcan dont l'activité est réduite. Cependant, il a été suffisamment menaçant en 1976 pour que l'évacuation des habitants de Basse-Terre vers Pointe-à-Pitre soit organisée.

Climat : tropical avec des pluies abondantes. Les cyclones sont fréquents. Derniers en date : *David*, en 1979, *Allen,* en 1980, *Gilbert,* en 1988, *Hugo,* en 1989, qui a été particulièrement dévastateur.

### La Martinique

(ancien nom : Madinina, l'île aux Fleurs)

Superficie : 1 100 km$^2$.

La Martinique compte 330 000 habitants.

Fort-de-France est le chef-lieu du département.

Autres villes : Le François, Le Lamentin, Rivière-Pilote, Le Robert, Sainte-Marie et Schoelcher.

Climat : relativement doux, 26° en moyenne, mais plus frais sur les hauteurs.

Plus haut sommet : la montagne Pelée, un volcan dont on ignore s'il a été actif avant la colonisation mais dont on sait qu'il ne s'est pas manifesté entre l'arrivée des Européens en 1492 et ce jour de l'année 1902 :

« A ce moment, au grand étonnement de la population, des fumées, des émissions à odeurs sulfureuses s'échappèrent de son sommet. Le 4 mai, des grondements se firent entendre, une forte colonne de vapeurs blanches monta à plusieurs centaines de mètres de hauteur, tandis qu'une chute de cendres recouvrit une grande partie de l'île. Le 5 mai, un torrent boueux descendit dans la vallée et les habitants, plus curieux qu'effrayés, se déplacèrent pour voir de près les effets de ces manifestations volcaniques qui leur étaient inconnues. Dans la matinée du 8 mai, un haut panache vertical de vapeur s'élevait du sommet dans le ciel clair quand, subitement, à 8 heures 2 minutes, se produisit le phénomène terrifiant qui, en quelques minutes, anéantit la riche ville de Saint-Pierre qui se trouve à huit kilomètres environ de la montagne. Ses vingt-cinq mille habitants y trouvèrent la mort. » (Jean Orcel et Émile Blanquet *in Les volcans,* éd. Bourrelier, 1953.)

## Points communs à la Guadeloupe et la Martinique :

Monnaie : le franc

La langue officielle est le français ; la langue usuelle, le créole.

Décalage horaire par rapport à Paris : moins cinq heures en hiver ; moins six heures en été.

# Petite chronologie de l'histoire des Antilles

## Les Antilles précolombiennes

2 500 ans avant notre ère : les Indiens saladoïdes vivent le long de l'Orénoque, long fleuve du Venezuela à la frontière du Brésil.

800 ans avant notre ère : les Saladoïdes s'installent sur la côte du Venezuela.

Au début de notre ère, les Saladoïdes franchissent le bras de mer entre l'Amérique du Sud et les Petites Antilles. Des traces de leur présence dès l'an 180 ont été trouvées sur les sites de Trois Rivières et Roches Gravées

Vers l'an 300, les Arawaks, venant eux aussi du Venezuela, chassent les Saladoïdes.

Vers l'an 800, les Caraïbes prennent possession des Petites Antilles et exterminent les Arawaks.

4 novembre 1493 : effectuant son deuxième voyage de découvertes, Christophe Colomb arrive à Karukera dont il change le nom pour « Guadeloupe », en l'honneur de sainte Maria de la Guadeloupe de Estramadura.

15 juin 1502 : effectuant son quatrième voyage de découvertes, Christophe Colomb arrive à la Martinique.

Durant plus d'un siècle, les Caraïbes opposent une résistance farouche aux envahisseurs espagnols.

1604 : les Espagnols se retirent.

**L'après-Christophe Colomb**

1618-1625 : établissement des premiers Français dans l'île de Saint-Christophe.

1621 : la Compagnie néerlandaise des Indes occidentales crée des colonies aux Antilles et à la Guyane. Les Anglais prennent pied dans les Petites Antilles.

1624 : le commandant de navire Urbain de Roissey de Chardouville, victorieux d'un assaut de corsaires et pirates, rapporte en France le butin qu'il leur a pris : 154 caisses de sucre.

1635 : implantation française en Guadeloupe et en Martinique, sous la conduite de Liénard de l'Olive, pour la Guadeloupe, et de Belain d'Esnambuc, fondateur de la Compagnie des îles d'Amérique, pour la Martinique.

1639 : introduction de la canne à sucre en Martinique. C'est l'origine de la traite.

1642, Lous XIII autorise la déportation d'Africains jusqu'aux possessions françaises, pour y être réduits en esclavage.

1650 : arrivée des premiers esclaves en Guadeloupe.

1656 : première révolte d'esclaves à la Guadeloupe.

1660 : les Caraïbes survivants sont déportés.

1664 : fondation de la Compagnie des Indes occidentales par Colbert qui met en œuvre le Pacte colonial : la culture de la canne à sucre, qui a remplacé celle du tabac et des épices, nécessite une main-d'œuvre de plus en plus nombreuse. Lorsque la Compagnie des Indes fait faillite, elle passe sous le contrôle direct de la Couronne de France.

1666 : les Anglais tentent de s'emparer des Saintes mais un cyclone détruit leur flotte.

1674 : les Hollandais, commandés par Ruyter, attaquent Fort-Saint-Louis et Fort-Royal (Fort-de-France aujourd'hui).

Un gouverneur, nommé par le roi de France, s'installe à Fort-Royal. A partir de ce moment, l'histoire des îles se confond avec l'histoire de l'esclavage des Africains.

1685 : publication du *Code noir* qui réglemente l'esclavage.

Il y a trente-cinq ans que les Africains raflés dans leurs pays sont exploités à mort, battus, taillés, rabaissés, lorsque le pouvoir royal s'avise de donner force de loi aux pratiques infâmes des colons qui se sont arrogé droit de vie et de mort sur leurs esclaves. En soixante articles plus monstrueux les uns que les autres, le *Code noir* définit avec une précision sadique ce que doit être l'inhumaine condition des Noirs. S'exprimant à leur propos, l'article 7 rappelle aux colons qu'il leur est défendu « de tenir le marché des nègres et de toutes autres marchandises » le dimanche... Étant propriété de leurs maîtres, les esclaves ne peuvent eux-mêmes rien posséder (article 28), pas même leurs enfants. La loi, en son article 12, dit en effet que « les enfants qui naîtront de mariage entre esclaves seront esclaves et appartiendront aux maîtres des femmes esclaves, et non à ceux du mari, si le mari et la femme ont des maîtres différents ». Et c'est seulement les maîtres qui pourront, « quand ils croiront que leurs esclaves l'auront mérité, les faire enchaîner et les faire battre de verges ou de cordes... »

Abrogé par la Convention en 1794 lorsqu'elle décrète l'abolition de l'esclavage, le *Code noir* est rétabli par Napoléon en même temps qu'il rétablit l'esclavage.

Il faut rappeler que 1685 est aussi l'année de la révocation de l'édit de Nantes qui accordait la liberté du culte aux protestants. Et que l'article 1 du *Code noir* signé par Louis XIV stipule : « Voulons et entendons que l'édit du feu roi de glorieuse mémoire notre très honoré seigneur et père, du 23 avril 1615, soit exécuté dans nos îles. Ce faisant, enjoignons à tous nos officiers de chasser hors de nos îles tous les juifs qui y ont établi leur résidence, auxquels, comme aux ennemis déclarés du nom chrétien, nous commandons d'en sortir dans trois mois, à compter du jour de la publication des présentes, à peine de confiscation de corps et de biens. »

1759 : la France perd les îles au profit des Anglais.

1763 : le traité de Paris restitue les îles à la France.

1784 : création à Paris de la Société des amis des Noirs.

1794 : la Convention abolit l'esclavage. Le décret n'est appliqué qu'à la Guadeloupe ; la Martinique et les autres îles françaises étant alors occupées par les Anglais. Les Grands Blancs, royalistes, n'acceptent pas l'abolition. Ils pactisent avec les Anglais tandis que les Petits Blancs se rangent derrière Victor Hugues qui vient, au nom de la Révolution, reconquérir la Guadeloupe sur les Anglais

1801 : Victor Hugues, qui a fait guillotiner un certain nombre de royalistes opposants actifs à la Révolution, est rappelé en France.

1802 : restitution des îles à la France.

Bonaparte rétablit l'esclavage. Il a épousé Joséphine Tascherie de La Pagerie, descendante de « Grands Blancs ». Il envoie sur place le général Richepanse exécuter ses ordres et prendre le pouvoir.

Mulâtres et hommes de couleur résistent sous la conduite d'Ignace le Nègre à la Guadeloupe, qui meurt avec 675 hommes, et Delgrés le Mulâtre qui se fait sauter avec 300 hommes au Matouba, le 8 mai, plutôt que de se rendre aux troupes napoléoniennes.

Fort-Royal de la Martinique devient Fort-de-France.

Le général Leclerc, un des meilleurs généraux de Bonaparte, arrive à Saint-Domingue pour mater les rebelles qui s'opposent au rétablissement de l'esclavage.

1803 : nouvelle occupation des îles par les Anglais.

1804 : proclamation de la première république nègre : Saint-Domingue (partie française) reprend son nom indien et devient Haïti.

1809 : nouvelle occupation des îles par les Anglais.

1814 : occupation définitive des îles par les Français.

1815 : les ministres plénipotentiaires de divers pays, réunis en congrès à Vienne, condamnent la traite des Noirs. La France signe le traité visant à la répression de la traite mais refuse de signer celui instituant un droit de visite réciproque des navires pour empêcher la contrebande.

1817 : la traite est déclarée illégale mais l'esclavage reste en vigueur.

1833 : la Grande-Bretagne abolit l'esclavage.

1834 : création, en France, d'une « Société pour l'abolition de l'esclavage ».

1846 : la Suède abolit l'esclavage.

1848 : la France abolit l'esclavage. Victor Schoelcher, sous-secrétaire d'État à la Marine chargé des Colonies, arrache à l'Assemblée le décret qui proclame l'abolition de l'esclavage dans les colonies et possessions françaises. Signé le 27 avril, le décret d'abolition devrait prendre effet en août mais les esclaves ne peuvent plus attendre. Le 20 mai, ceux de l'habitation Duchamy manifestent à Saint-Pierre de la Martinique, donnant le départ d'une insurrection. L'abolition sera effective trois jours plus tard, le 23 mai 1848.

1849 : loi d'indemnisation des colons pour la perte de leurs esclaves.

1853 : des Indiens de l'Inde (les Koulis) et des Chinois arrivent sous contrat pour remplacer les esclaves noirs libérés.

1863 : la Hollande abolit l'esclavage.

## Depuis l'abolition de l'esclavage

1870 : insurrection à la Martinique. La troisième République accorde le droit de vote aux ressortissants des îles.

1875 : début de l'immigration de Syriens et de Libanais.

1900 : grèves et mouvements sociaux importants.

1940 : le 17 juillet, le maréchal Pétain remet le sort des Antilles entre les mains du gouverneur Sorin pour la Guadeloupe et de l'amiral Robert pour la Martinique.

1946 : sur proposition d'Aimé Césaire, député de la Martinique, l'Assemblée nationale adopte la loi de départementalisation qui transforme les Antilles et la Guyane, jusque-là colonies, en départements français d'outre-mer.

1948 : mise en application de la loi de départementalisation votée deux ans plus tôt.

1961 (à partir de...) : nombreux rassemblements et manifestations pour l'autonomie ou l'indépendance.

1963 : naissance du premier mouvement indépendantiste à la Guadeloupe.

1967 : émeutes à Pointe-à-Pitre.

1974 : répression sanglante d'une émeute sur l'habitation Chalvet en Martinique.

1979 : monsieur Dijoud, secrétaire d'État aux DOM-TOM, déclare : « La migration des Antillais est une chose nécessaire. »

1983 : série d'attentats organisés par des mouvements indépendantistes dans les deux départements.

**Spécificité de la Guyane**

En 1498, Christophe Colomb aborde la Guyane. Ses compagnons remontent jusqu'à l'embouchure de l'Orénoque. Vincent Yanez Pinzon vient prendre possession des terres découvertes au nom de la Couronne de Castille.

En 1539, un Espagnol, Balalcazar, apprend d'un Indien inca que l'or dont les hommes de sa tribu font leurs armes se trouve en abondance dans une contrée qu'il appelle « Cundinamarca ». Balalcazar sollicite et obtient la concession de cette région qu'il nomme « Manoa del dorado ». La légende de l'Eldorado prend naissance et attire sur les lieux bon nombre d'aventuriers de tous poils.

Au XVII$^{e}$ siècle, la Guyane est la proie des Français, des Hollandais et des Anglais qui s'opposent mais qui, tous, utilisent des esclaves noirs pour exploiter la terre. Elle est reconquise sur les Anglais et les Hollandais par l'amiral d'Estrées.

En 1637 : fondation de la ville de Cayenne.

Entre 1794 et 1805, la Guyane est lieu de déportation politique.

En 1804 : rétablissement de l'esclavage.

Entre 1809 et 1817, le Portugal évince la France qui se trouve coupée de la Guyane.

En 1848 : au terme d'une série de conflits sanglants, la France redevient seule maîtresse de la Guyane. L'esclavage y est aboli comme à la Guadeloupe et à la Martinique.

De 1852 à 1945 : les condamnés au bagne sont envoyés en Guyane.

1945 : départementalisation de la Guyane.

1964 : voyage du général de Gaulle en Guyane en vue d'y implanter un centre de lancement de fusées sur le site de Kourou.

1968 : le 9 avril, premier lancement au Centre spatial guyanais (CSG) de la fusée-sonde « Véronique ».

## Aimé Césaire : poète, auteur dramatique, militant de la « négritude »

Aimé Césaire naît à Basse-Pointe, commune du nord de la Martinique, le 25 juin 1913, dans « une maison minuscule qui abrite en ses entrailles de bois pourri des dizaines de rats et la turbulence de mes six frères et sœurs », d'un père petit fonctionnaire et d'une mère « dont les jambes pour notre faim inlassable pédalent, pédalent de jour, de nuit » une machine à coudre Singer. L'école primaire, le lycée de Fort-de-France en qualité de boursier, et c'est le départ pour la métropole pour y poursuivre, au lycée Louis-le-Grand à Paris, les études qui le conduiront à l'École normale supérieure avant le retour au pays natal, marié et père de famille, pour y être professeur dans ce même lycée de Fort-de-France où il a été élève.

Entre-temps, au lycée Louis-le-Grand, Aimé Césaire se lie d'amitié avec un de ses condisciples, Léopold Sédar Senghor, un Sénégalais promis lui aussi à un grand destin de poète et d'homme d'État, qui lui fait « découvrir » l'Afrique et son histoire d'avant la traite et l'esclavage. Il lui fait prendre conscience de ce que les Africains n'étaient pas esclaves « par nature » mais l'étaient devenus sous la contrainte de l'Europe ; celle-ci les avaient asservis en leur inculquant qu'ils n'avaient jamais été et ne seraient jamais autre chose. Cette connaissance de sa propre histoire, nourrie de nombreuses lectures ethnographiques, lui fait regarder ses compatriotes d'un œil neuf, lucide, à la fois tendre et violent, et oriente désormais son activité.

En 1934, avec Léopold Sédar Senghor le Sénégalais et Léon Damas le Guyanais, il fonde la revue *L'étudiant noir* qui devient la tribune de la « négritude » dont il donne cette définition : « C'est tout d'abord et objectivement l'ensemble des valeurs du monde noir. »

En 1939, toujours à Paris, la revue *Volontés* publie *Cahier d'un retour au pays natal,* un poème flamboyant qui va agir à la manière d'un révulsif sur un organe congestionné. Pas immédiatement car le cercle des lecteurs de la revue n'est pas très étendu, mais le hasard, comme chacun sait, fait bien les choses.

Aimé Césaire est rentré en Martinique en 1940. Au lycée de Fort-de-France, il communique à ses élèves sa passion des grands poètes — notamment de Rimbaud et Mallarmé — avec un tel succès que, lorsque les autorités vichystes locales voudront le révoquer de ses fonctions, les parents d'élèves se mobiliseront pour exiger son maintien... et l'obtiendront.

En avril 1941, André Breton, libéré du camp de concentration du Lazaret où il a été conduit aussitôt débarqué à Fort-de-France en compagnie de personnalités qui avaient de bonnes raisons de mettre une longue distance entre elles et les occupants nazis, entre dans une mercerie et, tandis qu'on le sert, feuillette une revue dont c'est le premier numéro et « tombe » sur le *Cahier d'un retour au pays natal* qu'elle a publié. « Je n'en crus pas mes yeux, raconte-t-il dans la préface qu'il a donnée à l'édition de 1947 de ce poème, mais ce qui était dit là, c'était ce qu'il fallait dire, non seulement du mieux mais du plus haut qu'on pût le dire. »

Depuis, l'œuvre n'a cessé d'être rééditée et traduite. Dans l'édition qu'en ont faite les éditions Présence africaine en 1988, on trouve en annexe : « En guise de manifeste littéraire, dédié à André Breton et la préface que ce dernier a donnée à l'édition de 1947. »

Entre-temps, Aimé Césaire n'a cessé d'écrire des poèmes, des pièces de théâtre, des essais et études historiques, d'un abord quelquefois difficile (à l'exception du *Discours sur le colonialisme)* mais tous animés d'un même souffle épique et d'une même volonté de reconquête de la dignité humaine violentée : « Quand on considère la psychologie de l'Antillais, telle qu'elle résulte d'un déracinement brutal, suivi d'un processus de dépersonnalisation qui a duré trois siècles, quand on recense les éléments qui la composent, cette hargne à l'égard du passé, cette sourde et inavouée rancune contre la terre-des-pères (cette Afrique à qui l'on fait grief de n'avoir pas su protéger ou d'avoir livré ses enfants, mais qui en même temps garde son goût secret de paradis perdu) ; bref ce ballottement entre un passé dont on ne veut pas et un présent qu'on ne peut accepter parce qu'il vous accepte mal, on se hasarde à penser que dans la conscience antillaise retentit encore et durablement un choc premier, celui de la traite ». (Préface au livre de Daniel Guérin : *Les Antilles décolonisées,* éd. Présence africaine.)

Son militantisme ne s'exerce pas seulement en paroles, si belles soient-elles. Il est en même temps homme d'action aux plans social et politique. Élu maire de Fort-de-France, charge qu'il occupe toujours, il se donne pour tâches premières l'assainissement de la ville par la création d'égouts, la construction de logements pour les familles qui habitent des cases faites de quatre bambous entourés de toile et couvertes de tôles, la scolarisation des enfants. Élu député de la Martinique, lui qui a mené la lutte pour la décolonisation et contre les séquelles de l'esclavagisme, qui a dit et écrit : « Nous avons assisté à la fin d'une mythologie, car rien n'a fait plus de tort aux Antilles que cette mythologie qui consistait à dire : les Antilles, c'est un morceau de la France, une province française. Non, les Antilles, c'est les Antilles ! » il fait voter, en 1946, la loi de départementalisation des Antilles et de la Guyane (ce que certains Antillais lui reprochent aujourd'hui...), jugeant qu'elle permet « de passer d'une citoyenneté mutilée à la citoyenneté tout court » et qu'elle peut être à l'origine de l'éclosion d'un sentiment national aux Antilles françaises.

Il semble que l'histoire lui donne raison...

**Œuvres d'Aimé Césaire**

- *Cahier d'un retour au pays natal*, poème, Présence africaine
- *Les armes miraculeuses,* poèmes, Gallimard
- *Soleil cou coupé*, poèmes, éditions K
- *Corps perdu*, poèmes (illustré par Picasso), éditions Fragrance
- *Discours sur le colonialisme,* Présence africaine
- *Lettre à Maurice Thorez,* Présence africaine
- *Et les chiens se taisaient,* version théâtrale, Présence africaine
- *Ferrements,* poèmes, Éditions du Seuil
- *Cadastres,* poèmes, Éditions du Seuil
- *Toussaint-Louverture*, étude historique, Présence africaine
- *La tragédie du roi Christophe*, théâtre, Présence africaine
- *Une saison au Congo*, théâtre, Éditions du Seuil
- *Une tempête*, théâtre, Éditions du Seuil
- *Moi, laminaire...*, poèmes, Éditions du Seuil
- *Œuvres complètes,* poésie, théâtre, essais, éditions Desormaux.

**Sur Aimé Césaire :**

- *Aimé Césaire*, par Lilyan Kesteloot, éditions Seghers, collection « Poètes d'aujourd'hui ».

## Les rues de Paris racontent...

*1^er^ et VIII^e^ arrt* : - rue Richepance. Ouverte en 1807 pour honorer le général Richepance chargé de rétablir l'esclavage à la Guadeloupe. Mulâtres et hommes de couleur résistent : Ignace meurt à Pointe-à-Pitre avec 675 hommes. Delgrés, héros du pays, se fait sauter avec 300 hommes au Matouba, le 8 mai 1802.

*X^e^arrt* : - rue du Commandant-Mortenol. Ouverte en 1985 pour honorer Héliodore-Camille Mortenol, né à Pointe-à-Pitre en Guadeloupe en 1859. Il fait ses études primaires et secondaires à Basse-Terre. Exceptionnellement doué en mathématiques, il obtient une bourse pour faire des études supérieures en France. Reçu huitième au concours, il est le premier Noir admis à l'École polytechnique dont il sera un brillant élève. On raconte que, en 1881, le président Mac Mahon, visitant l'école, se serait arrêté devant Mortenol et lui aurait dit : « C'est vous le nègre ? Très bien mon ami... Continuez ! » (Dans le langage des étudiants de l'époque, le « nègre » était le major de la promotion...) Mortenol continue... Devenu officier de marine, il fait partie, en 1894, du corps expéditionnaire envoyé à Madagascar. Capitaine de vaisseau, il est chargé durant la guerre 1914-1918 de la défense aérienne de Paris par le général Gallieni. En 1915, il est nommé à la direction du Service d'aviation maritime du camp retranché de Paris. Déjà chevalier de la Légion d'honneur depuis 1915, il est fait commandeur en 1917 avec cette citation : « Officier supérieur du plus grand mérite, à son poste jour et nuit pour veiller sur Paris. A assuré ses fonctions avec un rare dévouement et une compétence éclairée. »

Héliodore-Camille Mortenol est mort à Paris le 22 décembre 1930 à l'âge de soixante et onze ans.

***XII<sup>e</sup> arrt*** : - place des Antilles. Nom donné à la place de la Nation.

- Place Félix-Éboué. En 1946, la place Daumesnil a pris le nom du gouverneur Félix Éboué, promoteur de la résistance en Afrique.

Félix Eboué est guyanais. Né à Cayenne, il y fait ses études primaires et secondaires avant de venir à Bordeaux pour les mener à terme. Au sortir de l'école coloniale qui forme les administrateurs envoyés partout où la France a des colonies, il est nommé à Bangui en 1908. En 1932, il devient secrétaire général du gouvernement de la Martinique puis, en 1936, gouverneur de la Martinique.

En 1938, parce que les rumeurs de guerre se font de plus en plus fortes, il est nommé gouverneur au Tchad, plaque tournante d'où il est possible de rayonner vers le Nil, la Basse-Égypte, la Syrie, Alger, Dakar, Lagos, Douala, Brazzaville et le Congo belge (qui est aujourd'hui le Zaïre).

La guerre éclate en septembre 1939. En juin 1940, on apprend avec stupéfaction, au Tchad, que le maréchal Pétain a signé l'armistice. Félix Éboué refuse de se soumettre et se rallie au général de Gaulle dont il a entendu l'appel. Il en reçoit une lettre de soutien qui le conforte dans sa décision. Le Tchad se trouve être, dès ce moment-là, l'unique bastion entre les Allemands et les Italiens d'une part, tout le continent africain d'autre part.

De Gaulle demande à Félix Éboué de venir à Brazzaville pour y prendre la fonction de gouverneur général de l'Afrique équatoriale française. Il y viendra de Londres à plusieurs reprises pour le rencontrer. La France lui doit que l'Afrique n'ait jamais basculé dans le camp ennemi.

Du 30 janvier au 8 février 1944 se tient la conférence dite de Brazzaville. Le général de Gaulle, le gouverneur général Félix Éboué et les gouverneurs d'Afrique noire y participent et concluent ensemble que « les territoires africains doivent être acheminés de la décentralisation administrative à la personnalité politique ». L'idée de l'indépendance des pays d'Afrique commence alors sa gestation.

Félix Éboué meurt au Caire le 17 mai 1944 à l'âge de soixante ans. Ses cendres sont transférées au Panthéon le 20 mai 1949.

***XIVe arrt*** : - rue Schoelcher. Elle a été ouverte en 1894 pour honorer Victor Schoelcher mort l'année précédente. En 1829, il a alors vingt-cinq ans, il découvre la réalité de l'esclavage à l'occasion d'un voyage d'affaires au Mexique et aux Antilles : « L'esclavage est un crime, dira-t-il, il n'est justifiable sous aucun rapport et doit toujours exciter en nous une haine vigoureuse et invincible. La liberté ne peut être vendue. » Il ne cessera plus de militer en faveur de l'abolition.

En 1833 il publie : *L'esclavage des Noirs et la législation coloniale* puis, en 1838 : *L'abolition de l'esclavage : examen critique du préjugé contre la couleur des Africains.*

Élu député de la Guadeloupe et de la Martinique en 1848, nommé sous-secrétaire d'État à la Marine et aux Colonies, il préside la commission qui abolit définitivement l'esclavage. Il est l'auteur d'une *Vie de Toussaint-Louverture.* Il est inhumé au Panthéon.

***XVIII^e^ arrt*** : - rue de la Guadeloupe. Elle a été ouverte en 1877.

- Rue L'Olive, ouverte en 1875 pour célébrer ce colonisateur de la Guadeloupe.

- Rue de la Martinique. Elle a été ouverte en 1877.

## Une sélection de livres pour les enfants et les jeunes

***Soley Lévé : Contes, poèmes et chansons***, Éditions caribéennes, 1978, bilingue français-créole - A partir de 9/10 ans.

« *Nou Neg', nou pas Goloua* . » C'est là l'esprit qui anime ces textes de quatorze auteurs qui revendiquent la reconnaissance de la personnalité antillaise. Un disque 17 cm accompagne cet album souple illustré en couleurs.

***Youri et la petite souris,*** par Willy Alante Lima, illustré par Christine Bouvier, Éditions caribéennes, 1983 - A partir de 6/7 ans

Une dent de lait sous un oreiller... Youri l'y a mise en espérant le passage de la « petite souris » traditionnellement généreuse. La dent trouvée, plantée dans un pot de fleurs, donne naissance à un arbre extraordinaire dont les branches laissent pendre : « des doucelettes - des tablettes - des quénettes - des surettes »...

***Chouka la mangouste antillaise***, par Maryse Cériote, éditions Karthala - A partir de 7/8 ans.

Histoire plaisante d'une famille de mangoustes mais, au-delà, l'occasion de découvrir toute une culture.

***Ti Pocame et l'oranger sorcier,*** conte antillais raconté par Émile Benoit, éditions Larousse, collection « Classiques juniors » - A partir de 7/8 ans.

Sa marâtre, dont il est le souffre-douleur, envoie Ti Pocame lui chercher un piment alors qu'il fait déjà nuit noire. Ti Pocame a peur mais « je suis si noir dans le noir, se dit-il, que le diable ne me verra pas ». Mais à tout hasard, il emporte son porte-bonheur, sept graines d'orange qui, une fois lancées à la face du diable, donneront naissance à un oranger magique...

***Bloomoune***, par Isabelle Cadoré et Henri Cadoré, illustré par Nguyên-Nga, éditions L'Harmattan, bilingue français-créole. - A partir de 5/6 ans.

Les siens, sauf sa mère, ont repoussé Bloomoune le petit singe bleu lorsqu'il est né. Devenu orphelin, il les quitte, se réfugie dans un fromager, ignorant qu'il est habité par le boa Amédée. Contrairement à ce que craignait Bloomoune, Amédée devient son ami. Mais un jour, Bloomoune, pris d'une envie de voyager, quitte Amédée pour parcourir « toute la forêt Mandarine de Mandara ». Il rencontre Belbleu, un autre petit singe bleu, sans poils sur le corps celui-là, qui lui fait découvrir le pays de l'océan. Ensemble, ils reviendront chercher Amédée...

***Ti-Kako et la fiole magique***, par Robert Nazaire, illustré par José Chantalou, Éditions caribéennes - A partir de 5/6 ans

Les Fafaille, propriétaires d'une belle maison et d'un jardin où poussent les plus belles fleurs et les plus beaux fruits du pays, dédaignent leurs voisins et, notamment, interdisent à leur fils de fréquenter Ti-Kako, enfant d'une famille pauvre. Or, un jour que Ti-Fafaille, désobéissant à ses parents, passait par la fenêtre pour sortir de la maison où on le tenait enfermé, le diable surgit et le mordit au poignet qui enfla, enfla, enfla... sans que personne, ni médecins, ni guérisseurs, parvienne à le guérir. Ti-Kako, « rusé tout autant que Compère Lapin », y parviendra et les Fafaille comprendront la sagesse du proverbe créole qui dit : « On a toujours besoin d'une main pour laver l'autre. »

***Féfé des Antilles***, par Annie Butel et Paul François, illustré par Lucile Butel, Père Castor/Flammarion, coll. « Les Enfants de la terre », 1re édition 1979 - A partir de 7/8 ans

« Féfé trouve qu'il fait bon vivre dans son beau pays », qu'il décrit avec chaleur et, s'il rêve d'aller voir la France, c'est en termes de voyage aller-retour. Certes, le temps des madras est aujourd'hui passé mais beaucoup d'informations restent justes. Et puis le texte est parsemé de phrases créoles immédiatement traduites, qui le colorent et l'animent.

***Le conteur d'étoiles,*** par Alex Godard (texte et illustrations), éditions Syros, collection « Feuilles » - A partir de 7/8 ans.

Depuis que l'institutrice du village s'est offert un poste de télévision, plus personne ne vient écouter le vieux conteur, malheureux d'être ainsi délaissé. Jusqu'à ce soir de grande tempête qui déracine de nombreux arbres et provoque la rupture du courant électrique. Alors, le vieux conteur, qui connaît autant d'histoires qu'il y a d'étoiles dans le ciel, séduit son public retrouvé avec une histoire du temps passé, sa rencontre, lorsqu'il était enfant, par une nuit noire, d'une de « ces bêtes lumineuses qui volent la nuit comme des étoiles filantes »...

***Tibouchina,*** par Hector Poullet, traduit en créole par Danièle Montbrand, illustré par Sophie Mondésir, éditions Messidor/La Farandole, collection « Parolimages » - A partir de 9/10 ans.

« Tonton, une histoire ! Une histoire à toi, quand il n'y avait encore ni la télévision ni l'électricité et que vous alliez à Pointe-à-Pitre à pied. » Et l'oncle raconte à ses neveux et nièces assemblés autour de lui l'histoire de Tibouchina (Ina petite bouche) dont il était follement amoureux déjà quand il était enfant, qui, un jour, a quitté la maison de son père pour tenter de retrouver sa mère délaissée alors qu'elle-même avait deux ans, et qu'il a retrouvée chez Choubouloutte, son étonnante grand-mère. Mais qu'est devenue Tibouchina ? demandent les enfants, ignorant qu'ils la côtoient journellement...

***Mano, Ti-Jean et compagnie***, par Benjamin Moïse, dit Benzo, illustré par Alex Godard, Éditions caribéennes - A partir de 8/9 ans.

Il s'agit d'un recueil de fables avec moralités et de contes nés de l'observation de la vie quotidienne comme l'histoire de *La grève des cochons* qui voulaient fêter Noël avant d'être sacrifiés.

***Ti-Louis du chaudron***, par Michel-Aimé Baudouy, illustré par Christian Perroni, Éditions de l'Amitié-Rageot, 1982 - A partir de 10/11 ans.

Ti-Louis, un jeune Réunionnais habitant le quartier du Chaudron à Saint-Denis, s'est lié d'amitié avec Éric, un fils de « Zoreilles », c'est-à-dire de métropolitains venus de France pour travailler un temps à l'Université. Au terme de son contrat, monsieur Berger repart, emmenant son épouse et son fils. Regard chaleureux d'un auteur métropolitain sur l'île et ses habitants.

***Les aventures de Chabin l'espiègle***, par F. Kichenassamy - A partir de 9/10 ans.

***Le secret de monsieur Clodomir***, par Marie-Thérèse Rouil, Nouvelles Éditions africaines.

***Ti Dolfine et le filibo vert***, par Sylvie-Line, Éditions caribéennes.

L'école est finie... Tous les jours, Ti Dolfine (environ dix ans) retrouve ses amis Vincent, Rodolf, Jean-Yves... et Julie « à la croisée Manyok, sur le chemin de Bord de Mer ». Cet été-là, leur imagination, nourrie des histoires que racontent Manman Zélia et les *vié ko* à propos de *La Célestina* , un galion de flibustiers perdu corps et biens, les pousse à la chasse au trésor...

***La rue Case-Nègres***, par Joseph Zobel, Présence africaine, 1974 - A partir de 12/13 ans.

Dans les années trente, une vieille femme, ouvrière agricole sur une plantation de canne à sucre, élève seule son petit-fils. A force de courage, d'abnégation et d'obstination, elle le conduit jusqu'au baccalauréat grâce à quoi il devrait connaître une vie différente de la sienne. Un roman émouvant qui a inspiré un très beau film.

***Antan d'enfance***, par Patrick Chamoiseau, éditions Hatier, collection « Haute Enfance » - A partir de 13/14 ans.

Dans une langue savoureuse, heureux mariage du français et du créole, l'auteur raconte des moments forts de son enfance à Fort-de-France où il est né en 1952. Les difficultés de la vie quotidienne, les animaux nuisibles dont il débarrassait la maison, les amitiés, l'ambiance du marché, les relations avec les différentes communautés, le cinéma, l'injustice sociale, son premier cyclone et surtout Man Ninotte, « qui n'était jamais plus à l'aise que dans l'apocalypse », tout et tous sont évoqués avec émotion, de façon vivante, sur un ton léger dont l'humour n'est pas exclu. De Patrick Chamoiseau on lira encore : *Manman Dlo et la fée Carabosse,* Éditions caribéennes - A partir de 11/12 ans ; et *Au temps de l'antan,* un recueil de contes paru aux éditions Hatier - A partir de 11/12 ans.

**Des livres à propos de la traite et de l'esclavage**

***Le voyage du négrier***, par Paula Fox, traduit de l'américain, éditions Hachette, collection « Verte Aventure » - A partir de 11/12 ans.

***Les flibustiers de l'Arbalète***, par Jean Ollivier, éditions Bordas, collection « Aux quatre coins du temps » - A partir de 10/11 ans.

***Les chasseurs d'esclaves***, par Bertrand Solet, éditions Messidor/La Farandole - De 10 à 77 ans.

***Les révoltés de Saint-Domingue***, par Bertrand Solet, éditions Gallimard, collection « Folio junior ».

***La nièce de l'oncle Tom***, par Betsy Haynes, traduit de l'américain, éditions Hachette.

***Les chemins de la liberté***, par Barbara Smuker, traduit de l'américain, éditions Hachette, collection « Verte Aventure ».

***Esclaves et négriers***, par Meyer, éditions Gallimard, collection « Découverte » - A partir de 13/14 ans.

***Les négriers***, par Pierre Pluchon, éditions École des Loisirs, collection « Médium poche » - A partir de 12/13 ans.

***Toussaint Louverture, fils noir de la Révolution française***, par Pierre Pluchon, éditions École des Loisirs, collection « Médium poche ».

***Chasseurs de Noirs***, par Daniel Vaxelaire, éditions Lieu commun - A partir de 13/14 ans.

## Quelques adresses utiles

Agence nationale pour l'insertion et la promotion des travailleurs d'outre-mer (ANT), 3, rue de Brissac, 75004 Paris.

Amicale des agents de la RATP originaires des Antilles, Guyane, Réunion, 118, rue du Mont-Cenis, 75018 Paris.

Amicale des travailleurs antillais et guyanais de métropole, 3 bis, boulevard de Charonne, 75011 Paris.

Association pour l'expression et la formation des Antillais-Guyanais (APEFAG), 51 bis, rue de la Roquette, 75011 Paris.

Association pour le rayonnement de l'identité culturelle des Français d'outre-mer (ARICOM), mairie du XII^e^ arrondissement de Paris.

Association des peintres et sculpteurs d'outre-mer, BP 75462, Paris 10.

Aumônerie Antilles-Guyane, 51 bis, rue de la Roquette, 75011 Paris.

La case sociale et culturelle des Antillais, 60, rue de la Chapelle, 75018 Paris.

Centre municipal d'accueil et d'information des DOM-TOM (CMAI), Maison des Antilles, 3 ter, boulevard de Charonne, 75011 Paris.

Exotic Center (supermarché antillais), 44, rue de la République, 93200 Saint-Denis.

Office de tourisme des Antilles françaises, 12, rue Auber, 75009 Paris.

Librairie Présence africaine, 25 bis, rue des Écoles, 75005 Paris.

**Radios**

Radio Transat FM (96.7), 65, avenue de Colmar, 92507 Rueil-Malmaison.

Radio Madikera(Fm 96,7), Les Ulis.

**Magazines**

*Alizés* (revue publiée par l'aumônerie catholique Antilles-Guyane de Paris).

*France-Iles* (magazine des originaires d'outremer vivant à Paris et en Ile-de-France, publié par l'ARICOM).

*France-Antilles*, hebdomadaire paraissant le vendredi.

## Glossaire

**Béké** : Terme martiniquais qui désigne les colons blancs et leurs descendants encore propriétaires de terre aujourd'hui.

**Domien** : Habitant d'un des Départements d'Outre Mer (DOM)

**Métro** : Abréviation de "métropolitain". Le terme désigne les Français de la métropole. Aux Antilles, les Français venus travailler pour un temps plus ou moins long sont appelés "Z'oreilles" tandis que, par dérision, les Antillais vivant en métropole sont appelés, par certains d'entre eux, "Négropolitains".

**Edouard Glissant :** Ecrivain martiniquais. Ethnologue, philosophe, romancier et poète. Prix Goncourt.

**Franz Fanon** : Né à Fort de France en 1925; mort à Washington en 1961. Auteur, notamment, de ***Peau noire, masques blancs*** et de ***Les damnés de la terre.*** Médecin-chef à l'hopital psychiâtrique de Blida (Algérie), il y étudie les phénomènes de dépersonnalisation provoqués par la situation coloniale sur les colonisés. Cela le conduit d'une part à écrire, d'autre part à s'engager totalement dans la lutte des Algériens pour l'indépendance de leur pays.

**Che Guevara :** Né en Argentine en 1928; mort en Bolivie en 1967. Abandonne la médecine pour rejoindre Fidel Castro avec qui il dirige la révolution cubaine de 1956 à 1959. Devenu ministre de l'industrie du gouvernement cubain, il renonce à ses fonctions pour organiser les mouvements révolutionaires d'Amérique latine.

**Aimé Césaire :** Voir page 169.

**Léopold Sédar Senghor :** Auteur d'une importante oeuvre poétique et de nombreux essais tant littéraires que politiques. Président de la République du Sénégal. Membre de l'Académie française.

**Toussaint-Louverture :** Esclave noir né à Haïti en 1743. Il fut l'un des principaux chefs de la révolte des Noirs en 1791. Devenu, en 1800, président du premier gouvernement des Noirs par des Noirs, il est combattu par Napoléon qui le fait arrêter. Transféré en France, il y meurt en prison près de Pontarlier.

par Achevé d'imprimer
avec les films fournis,
en octobre 1994
IMPRIMERIE LIENHART
à Aubenas d'Ardèche

Dépôt légal octobre 1994
N° d'imprimeur : 7216
N° d'édition : 563